Die aktive Generation Y im 21. Jahrhundert

selbstbewusst – lebensbetonend – flexibel
Wie mit der Generation Y zielorientiert und erfolgreich gearbeitet werden kann

Horst Hanisch

© Erste Auflage: 2018 by Horst Hanisch, Bonn

Bibliografische Information der Deutschen Nationalbibliothek: Die Deutsche Nationalbibliothek verzeichnet diese Publikation in der Deutschen Nationalbibliografie; detaillierte bibliografische Daten sind im Internet über dnb.dnb.de abrufbar.

Der Text dieses Buches entspricht der neuen deutschen Rechtschreibung.

Idee und Entwurf: Horst Hanisch, Bonn

Lektorat: Alfred Hanisch, Bonn; Annelie Möskes, Bornheim

Layout und Gestaltung: Guido Lokietek, Aachen; Horst Hanisch, Bonn

Umschlaggestaltung: Christian Spatz, engine-productions, Köln; Horst Hanisch, Bonn

Fotos und Zeichnungen: Horst Hanisch, Bonn

Herstellung und Verlag: BoD - Books on Demand GmbH, Norderstedt

ISBN: 9-783-7528-7733-5

Die aktive Generation Y im 21. Jahrhundert

selbstbewusst – lebensbetonend – flexibel

Wie mit der Generation Y zielorientiert und erfolgreich gearbeitet werden kann

Horst Hanisch

Inhaltsverzeichnis

Vorwort

Zwei Welten prallen aufeinander

Das uns Bekannte ist veraltet, das Unbekannte unendlich.
Wir stehen auf einer Insel inmitten eines grenzenlosen, unerklärlichen Ozeans.
Es ist die Pflicht jeder Generation, ein bisschen mehr Erde zu gewinnen.
Thomas Henry Huxley, brit. Zoologe
(1825 - 1895)

Geld oder Freizeit

Verschwörerisch lächelnd beugt sich der Unternehmer dem jüngeren Bewerber zu und sagt: „Und außerdem haben Sie hier bei entsprechendem Einsatz die Möglichkeit, ganz schnell die Karriereleiter hochzuklettern." Bedeutungsvoll schmunzelt er den Bewerber an.

Dieser antwortet freundlich: „Karriere ist gut, wichtiger für mich ist allerdings eine flexible Arbeitszeit, damit ich mein soziales Umfeld pflegen kann."

Verdutzt lehnt sich der Unternehmer in seinem Stuhl zurück. Er runzelt die Stirn, da er den Bewerber nicht verstehen kann.

Was ist geschehen?

In diesem Dialog treffen offensichtlich die unterschiedlichen Bedürfnisse und Vorstellungen der beiden Gesprächspartner aufeinander.

Etwas poetisch ließe sich sagen – zwei Welten prallen aufeinander.

Der ältere Arbeitgeber versteht den jüngeren Arbeitnehmer nicht – der jüngere Bewerber hat ganz andere Lebensziele. Vermeintliche Anreize haben ihre Verlockung verloren.

Sobald der Arbeitgeber und spätere Vorgesetzte erkennt, dass der Bewerber und potentielle Mitarbeiter ganz andere berufliche Schwerpunkte legt, kann er diesbezüglich handeln und eine wertvolle Arbeitskraft gewinnen.

Wie seit Ewigkeiten bemängelt, ‚ticken' die Jungen anders als die Alten. Wie seit Ewigkeiten bekannt, bringen die Jungen neue Ideen ein, während die Alten mit ihren Erfahrungswerten trumpfen können.

Die Jungen repräsentieren in unserer Betrachtung diejenigen, die der Generation Y zugeordnet werden; die Alten die, die in den Genuss eines früheren Geburtsjahres kamen.

An die Jungen: Nutzen Sie die Erfahrung und das langjährige Wissen der älteren Personen. Das sind unschätzbare Werte.

An die Alten: Erkennen Sie das aktuelle Wissen und nutzen Sie die Flexibilität im Handeln und im Denken der jüngeren Personen. Lernen Sie die ‚Besonderheiten' der Jüngeren zu schätzen.

Bei gegenseitigem Einfühlungsvermögen und Willen beider steht einer erfolgreichen Zusammenarbeit nichts im Wege.

Dieses Buch gliedert den Text in drei Teile, um das Zusammenarbeiten von Jung und Alt von beiden Sichtweisen zu beleuchten.

1. Wechsel der Generationen

2. Wie ‚tickt' der Y-er?

3. Zusammenarbeit mit dem Y-er

Tauchen Sie ein in die Andersartigkeit der Gedankenwelt und die unterschiedlichen Verhaltensmuster anderer. Lernen Sie die Denkweise des anderen kennen und profitieren Sie voneinander!

Viel Spaß und Erfolg!

Horst Hanisch

Teil 1 – Wechsel der Generationen

Der immer wiederkehrende Neubeginn

Aktuell bleiben

Abläufe ändern sich rasend schnell

Interessant, was Nestroy vor 200 Jahren gesagt hat. Das Zitat könnte auch aus der heutigen Zeit stammen.

Damit neue Ideen einen zeitgemäßen Touch bekommen, müssen natürlich englische Wörter her.

Bestimmt haben Sie schon Begriffe wie Work-Life-Blending, Homeoffice, Smart Working und andere gehört? Alles neumodischer Schnickschnack?

Keineswegs. Diese und andere Schlagwörter markieren die Arbeitswelt der Generation Y. „Brauche ich nicht!" meint der erfolgreiche Mittelständler in dritter Generation. „Das lief schon immer so und wird auch ewig so laufen. Solange ich hier der Chef bin ..."

Ist das so? Vielleicht wird der zitierte Chef in wenigen Jahren vor dem beruflichen Aus stehen, ohne genau zu wissen, wie es dazu kommen konnte.

Die Zeiten der vermeintlich beruflichen Beständigkeit scheinen vorüber. Nur, weil etwas früher richtig war, heißt es nicht, dass es auch in Zukunft richtig sein wird.

Wie die meisten Menschen festgestellt haben, ändern sich Abläufe und bisherige Gegebenheiten manchmal rasend schnell.

Dazu trägt nach der stattgefundenen Globalisierung die Digitalisierung erheblich bei.

Und um es gleich festzuhalten: Das, was für den Chef gilt, gilt auch für die Chefin. Ebenso werden weibliche und männliche Bewerber/innen gleichwertig gesehen – auch dann, wenn im vorliegen Buch häufiger die männliche Form gewählt wird.

Eine Minute ist eine Minute – oder doch nicht?

Das, was vor wenigen Jahren noch eine Zeitstunde einnahm, benötigt heute nur noch den Bruchteil einer Sekunde. Eben noch politisch stabile Konstellationen verschieben von heute auf morgen ihre Macht-Balancen.

Das hat teilweise extremen Einfluss auf wirtschaftliche Abläufe und den damit verbundenen wirtschaftlichen Gewinn. Gut programmierte Maschinen, Roboter, übernehmen immer mehr bisherige Arbeitsabläufe, beschleunigen diese und senken – so ganz nebenbei – dadurch die Kosten des Unternehmers.

Pfiffige Roboter helfen uns

Die Möglichkeiten, immer gewiefter arbeitende Roboter einzusetzen werden ständig vielfältiger. Das hat selbstverständlich auch Einfluss auf das soziale Verhalten untereinander. Nur noch ein kleiner Schritt trennt uns von der Entwicklung vernünftig einsetzbarer Humanoiden, um unser gesellschaftliches und privates Leben auf den Kopf zu stellen.

Die Zukunft wird uns schneller ‚einfangen‘, als uns lieb ist.

Es ist also zumindest überlegenswert, ob das, „was immer schon war, in Zukunft auch noch so sein wird.“

Anpassungen und Änderungen

Technische Änderungen und Entwicklungen erzwingen die menschliche Anpassung. Dadurch erfolgen Änderung menschlicher Arbeits-Prozesse. Der Mensch folgt der Maschine.

Tja, und natürlich entwickelt sich auch der Mensch ständig weiter. Anschauungen und Werte werden andere, das Bewusstsein der interkulturellen Kompetenz rückt in den Vordergrund, Gleichberechtigung in allen möglichen Bereichen zwingen überlegtes Umdenken und ein anderes Handeln auf.

Früher mag die Karriere vor der Familie gestanden haben. Für die Generation Y ist es genau umgekehrt. So scheint es noch logischer und nachvollziehbarer, dass sich die Ansprüche der nachfolgenden Generationen von denen früherer Arbeitskräfte ändern.

Kaum wird etwas als Standard bezeichnet, gibt es schon wieder eine Neuerung beziehungsweise eine Weiterentwicklung.

Dies alles und anderes mehr soll berücksichtigt sein in der Zusammenarbeit von X und Y.

Betreten Sie die faszinierende Welt mit den vielfältigen Optionen, die durch die Änderungen entstehen.

Babyboomer, Generation X und die Millennials

Unsere Aufgabe ist es, die Gegenwart und soweit unser Blick reicht, die Zukunft unserer nächsten Generation nach unseren Kräften, nach unserem besten Wissen und Gewissen glücklich zu gestalten.
Christian Albert Theodor Billroth, dt. Chirurg
(1829 - 1894)

Boomer, X, Y und Z

Jede Generation entwickelt sich anders.

Da der Nachwachsende in seiner eigenen Entwicklung und die des gesamten Lebens eingebunden ist, bekommt er anfangs Änderungen gar nicht mit.

Hört er sich die ‚alten' Geschichten von Oma und Opa an, scheint alles Ewigkeiten her. Tatsächlich sind es nur wenige Jahre, wie dem älter werdenden Menschen beim nächsten ‚runden' Geburtstag bewusstwerden kann.

Was bedeutet in diesem Zusammenhang die Zeitspanne einer Generation? In der Generationsbildung (Eltern, Kinder, Enkel und so weiter) werden je 25 Jahre pro Generation angesetzt.

Bei der Bemessung der ‚zeitlichen' Generation X, Y, Z wird diese Zeitspanne nicht uneingeschränkt übernommen. Sie wird etwas kürzer.

Babyboomer der Boomgeneration

Die Einteilung der verschiedenen Generationen beginnt mit der sogenannten Nachkriegsgeneration, das heißt mit den nach dem Zweiten Weltkrieg, den 1945 bis etwa 1965 Geborenen.

Diese Generation wird als Boomer oder Babyboomer bezeichnet. Einige aus dieser Generation haben sich mittlerweile aus dem Berufsleben verabschiedet. Die in dieser Zeitspanne später Geborenen haben oft die letzten Stufen ihrer Karriereleiter erreicht.

Dieser Generation ging es relativ gut, da sie mit dem Wirtschaftswunder (überwiegend die fünfziger und sechziger Jahre) aufwuchsen. Die Wirtschaft boomte. Arbeitsplätze waren Mangelware. Wer den gewünschten Arbeitsplatz eingenommen hatte, blieb bei Gefallen häufig bis zum Rentenalter im selben Unternehmen.

Wer zu häufig den Arbeitsplatz wechselte, galt damals als wenig belastbar. Personen dieser Generation tun sich heutzutage oft schwer mit der ‚modernen' Arbeitseinstellung der jüngeren Mitarbeiter.

Ob die Einführung der Antibabypille (ab 1960) das Zeitalter der Babyboomer beendete, ist nicht gesichert.

Generation X

Die danach Geborenen der geburtenschwachen Jahrgänge ist von 1965/1970 bis 1980/1985 eingegrenzt. Hier wird von der Generation X gesprochen.

Viele aus dieser Generation sind aktuell beruflich in Entscheiderpositionen und als Führungskräfte unterwegs. Sie konnten auf der Basisarbeit und den Errungenschaften der Vorgeneration aufbauen. Erfolge konnten vertieft werden. Gewinne häuften sich an.

Unternehmen wuchsen über die deutschen Grenzen hinaus. Die Globalisierung half hierbei deutlich. Es wurde gang und gäbe, weltweit Geschäfte abzuwickeln.

Mitarbeiter mit Sprachkenntnissen waren klar im Vorteil. Was konnte das Wachstum bremsen? Würde es immer so weitergehen?

Digital Immigrant

Zur Erinnerung: Personal-Computer existierten noch nicht, Handys, geschweige denn Smartphones, waren unbekannt.

Alle Arbeitsabläufe konnten geregelt ihren ordentlichen Verlauf nehmen.

Später werden die Menschen der Generation X auch als ‚Digital Immigrants' bezeichnet.

Als Immigrant wird ein Einwanderer gemeint, wobei sich hier der Begriff nicht auf Migranten bezieht, die in ein anderes Land auswandern, sondern auf Menschen, die erst im Erwachsenenalter digitale Technologien kennengelernt und den Umgang damit erlernt haben.

Generation Y

Ab 1980/1985 erblickte die Generation Y die Welt. Ihre zeitliche Einordnung gilt bis 1995/2000, weshalb sie auch Millennials (die Jahrtausender) genannt werden.

Die ersten Schritte in die digitale Welt werden gegangen. Für ‚lächerliche' 4.000 US-Dollar konnte ab 1983 ein erstes, schweres Handy (von Motorola) erstanden werden. Klar, dass es noch mehrere Jahre dauerte, bis das Mobiltelefon für den Durchschnittsverbraucher so weit entwickelt war und in einem vertretbaren finanziellen Rahmen erstanden werden konnte.

Einer der ersten brauchbaren Personal-Computer erschien 1982 im Handel (Commodore 64), die erste SMS wurde 1992 geschrieben.

Während die Generation X die neue Technik beruflich nur zögerlich, distanziert und nach und nach nutzte, stürzte sich die

Generation Y auf die neuen, vielseitigen Kommunikations-
möglichkeiten.

Die Digital Natives

Nicht umsonst werden sie als ‚Digital Natives' bezeichnet. Es
sind diejenigen, die in die digitale Welt hineingeboren sind. Im
Gegensatz zur Vorgeneration war für sie der Gebrauch der
bezeichneten Technik von Anfang an üblich. Sie wuchsen mit
dem Reifen dieser Technik mit.

So lernten sie von Anfang an, mit dieser aufregenden Technik
mit den fantastischen Möglichkeiten umzugehen. Erst unver-
netzt, später vernetzt.

Im Jahr 1993 wurde das World Wide Web für die Öffentlichkeit
freigegeben. „Bin ich schon drin?" Kennen Sie noch diese
Frage? Boris Becker betrieb für AOL ab 1999 hiermit or-
dentlich Werbung.

Die ersten weltweiten Kontakte über das Internet waren möglich.

Der kleine Schritt in die große digitale Welt änderte das ge-
sellschaftliche und natürlich auch das berufliche Leben immens. Verständlicherweise zog dieser technische Fortschritt
teilweise erheblichen Umbruch in Arbeitsvorgängen nach sich.
Er vernichtete Arbeitsplätze auf der einen Seite und schuf
gleichzeitig neuartige auf der anderen Seite.

Generation Z

Spätestens ab dem Jahr 2000 wird die Bezeichnung Generation Z für die Neugeborenen gewählt.

Diese Generation wächst wiederum ganz anders auf als die
Vorgänger, auch wenn sie nur wenige Jahre später zur Welt
kam. Wieder darf umgedacht werden.

Mit dem Handy in der Hand geboren

Bildhaft ausgedrückt, liegt ihnen das Smartphone bei der Geburt bereits der Hand.

In diese Zeit fallen die Gründungen von Google (1998), Facebook (2004), WhatsApp (2009). Ab dem Jahr 2007 konnte das iPhone erstanden werden.

Ein ganz großer Teil des Lebens der Generation Z befindet sich sozusagen in der Technik. Sie leben nicht mit der digitalen Technik (wie die Generation Y), sondern in der digitalen Welt.

Innerhalb nur weniger Jahrzehnte änderte sich erneut das Zusammenleben, das wiederum beachtlichen Einfluss auf die Berufswelt nahm.

Es ist auffällig, dass jede Generation deutlich andere Bedürfnisse hat. Diese Bedürfnisse strahlen nachvollziehbarerweise auch auf das Berufsleben aus.

In der Generation X ging es um 'Zucht und Ordnung' und darum, dass 'gefälligst das gemacht wird, was der Chef will'. Auch wenn das etwas überspannt ausgedrückt ist, zeigt es doch die damalige Vorgehensweise in vielen Unternehmen.

Die Karriere war deutlich wichtiger als zwischenmenschliche Beziehungen und das Wohlfühlen der einzelnen Beschäftigten. Ein Mitarbeiter aus jüngerer Generation würde dem Chef klarmachen, was er von diesen Gedanken hielte. Jetzt zählt die Familie. Diese damaligen Zeiten sind tatsächlich überholt.

Generation X und Y im Vergleich

Die folgende Darstellung soll zeigen, wie sich in den beiden Generationen X und Y die 'Bedeutung' von verschiedenen Attributen verändert.

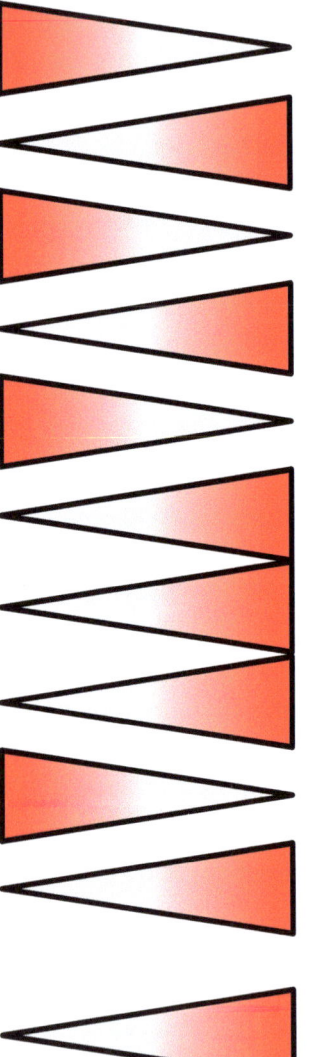

Generation X   Generation Y

Loyalität dem Arbeitgeber gegenüber

Flexibilität in der beruflichen Arbeit,
mehr Verantwortung

Fester Arbeitsort und festgelegte
Arbeitszeiten

Smart Working

Materieller Erfolg und Karriereleiter

Arbeit mit und Einsatz von digitaler
Technik

Deutliches Aussprechen der Wertschätzung, ehrliches Feedback

Work-Life-Balance, Privatleben

Genaue Planung und Arbeit nach
Vorgabe

Mitarbeiter kennt und unterstützt
die Vision des Unternehmens

Lesebeispiel: Das breite Ende
zeigt einen hohen Stellenwert.

20 Jahre sind (k)eine Ewigkeit

Für die Jugendlichen wirken 20 Jahre in die Zukunft betrachtet wie eine Ewigkeit. Welcher 20-Jährige kann sich vorstellen, jemals 40 Jahre alt zu sein? Sooo alt!

Das Leben scheint endlos lang. Die Optionen, die das Leben bietet, sind so vielfältig. Morgen ist auch noch Zeit – nur keine Hetze!

Abgesehen davon kann niemand wissen, was die Zukunft bringt. Erwartungsgemäß wird es Neuigkeiten geben. Tatsächlich lässt sich mit dem aktuellen Stand gut leben. Es ist das Beste, was bisher erreicht wurde. Und was geschehen wird, wird sowieso passieren.

Wo ist die Zeit geblieben?

Lassen Sie uns einen großen Sprung zu einem 60-Jährigen machen. Fragen wir ihn, wie die letzten 20 Jahre verlaufen sind. Wird er Schwierigkeiten haben, sich an alles Wichtige zu erinnern? „Die letzten 20 Jahre sind rasend schnell vergangen. Wo ist nur die Zeit geblieben?" Das sind häufig gehörte Aussagen und Fragen rhetorischer Art.

Der Ältere mag das Gefühl haben, dass 20 Jahre nur einen überschaubaren Schritt bedeuten und diese viel zu schnell vergingen.

Zeitempfinden

Das Zeitempfinden bei Jung und Alt ist also ganz unterschiedlich. Trotzdem waren es (nur) 20 Jahre.

Nun schauen Sie bitte noch einmal auf die Gegenüberstellung der Attribute von oben. In nur 20 Jahren – weniger als in einer Generation der Generationsbezeichnung – veränderte sich vieles. Manches drehte sich sogar fast ins Gegenteilige.

Wandel

Eben noch galten fest geregelte Arbeitszeiten als Non Plus Ultra. Jetzt ist ohne die flexible Arbeitszeit die Arbeitswelt kaum mehr denkbar.

Die Einführung des Internets hat dazu beigetragen, dass rund um die Uhr kommuniziert und gehandelt werden kann. Jeder kann dann aktiv werden, wann es ihm danach gelüstet.

Wertschätzung

Nehmen wir als weiteres Beispiel noch die Attribute Wertschätzung und Feedback. Welche Wertschätzung einem Mitarbeiter gegenüber ist anzunehmen, wenn der Chef zitiert wird mit: „Wenn dir die Arbeit nicht gefällt – dort hat der Zimmermann ein Loch gelassen." Gleichzeitig deutet er in Richtung Tür.

Er deutet damit an, dass der Mitarbeiter jederzeit kündigen kann, wenn er will.

Ihm selbst ist es egal. „Es warten 100 andere vor der Tür, die deine Arbeit machen wollen." Ist das so? Nein!

Feedback? Weshalb? „Der Mitarbeiter hat das zu erledigen, was von ihm verlangt wird. Ende der Durchsage!" Ja klar – denn eine Durchsage erwartet bekanntlich keinen Dialog.

Geschweige denn ein Feedback vom Mitarbeiter über den Chef. Undenkbar! Kommt ja gar nicht in Frage – was ist denn das für ein unmöglicher Gedanke?"

20 Jahre – nicht mehr.

Teil 2 – Wie tickt der Y-er?

Kann der ‚Alte' den ‚Jungen' verstehen?

Gedanken zu Jung und Alt

Jede Generation lacht über die alte Mode und folgt inbrünstig der neuen.
Henry David Thoreau, US-am. Schriftsteller
(1817 - 1862)

Verständnisprobleme unter den Generationen?

Vor einiger Zeit wurde der Autor dieses Buchs gebeten, seine Gedanken zu ‚Jung und Alt' im Berufsleben zu äußern.

Wie denken, handeln und arbeiten jüngere Berufseinsteiger heutzutage? Zu welchen möglichen Herausforderungen kommt es deswegen mit den älteren Kollegen, die schon einige Jahre erfolgreich im Beruf arbeiten?

Hier folgen die damaligen Überlegungen des Autors, dazwischen immer wieder aktuelle Bemerkungen und Hinweise:

Ich habe den Eindruck, dass die angesprochene Zielgruppe heutzutage absolut anders lebt als die Menschen vor nur zehn Jahren. Wahrscheinlich auch die Nachwachsenden in den kommenden zehn Jahren. Also nicht ein bisschen anders, sondern total anders.

Es hat lange gebraucht, bis ich das selbst wahrgenommen habe. Und weiter, bis ich das akzeptiert habe, auch zu sagen „ok, diese Generation verstehe ich vielleicht gar nicht mehr". Wenn ich mit Menschen dieser Altersgruppe rede, habe ich den Eindruck, ich rede so, dass sie mich verstehen, gewinne aber immer mehr den Eindruck, dass sie mich überhaupt nicht verstehen. Selbstverständlich verstehen sie das, was ich sage, sie verstehen auch, was ich will. Aber meine Herangehensweise verstehen sie nicht mehr.

Zum Beispiel brauche ich eine Art Gedankenstütze, damit ich eine Art Hilfe habe, wenn etwas vereinbart wurde.

Wenn ich heute mit einem 25-Jährigen rede, heißt es: „Alles ist ok, alles ist ok, wir vereinbaren das so und so." Der Betreffende sprudelt über vor Ideen. Und dann passiert – nichts mehr.

Ich meine, innerhalb von drei bis vier Tagen erfolgt keine Reaktion oder Rückmeldung, die das Vereinbarte bestätigt, ergänzt oder eventuell klärt.

Ich selbst bin gewohnt, dass der andere genau verstanden hat, was wir besprochen haben und er in diese Richtung aktiv wird.

Das ist häufig ein Fehlschluss. Irgendwann, sagen wir mal nach einem Monat, kommt mir das Gespräch wieder in Erinnerung und die Frage taucht auf, was passiert denn? Ich würde gerne einen Zwischenstand haben, eine Rückmeldung, irgendwas.

So frage ich nach, schicke eine Mail und erfahre sehr häufig, dass sich überhaupt nichts getan hat. Gar nichts: „Ach ja, vielen Dank für die Erinnerung, ich hatte gerade hier zu tun oder dort zu tun."

Was bedeutet das aus meiner Sicht? Es sind jetzt 4 Wochen vergangen. Ich habe auf eine Reaktion gewartet, eine Idee, einen Vorschlag zum Thema. Aber es ist nichts geschehen.

Also treffen wir uns erneut, es wird wieder ein Termin vereinbart. „Alles klar, alles klar" und das wiederholt sich scheinbar endlos.

Mittlerweile habe ich verstanden, dass es wohl so ist.

Dabei spreche ich nicht von Ausnahmen, sondern von mehreren Vorkommnissen. Ich halte mich selbst zurück.

Jetzt gehe ich davon aus, wenn jemand zu mir kommt mit einer ganz tollen Idee und will was ganz Tolles machen, helfe ich gerne soweit ich kann.

| Aber ich gehe ebenso davon aus, dass daraus nichts wird. | Es passiert einfach nichts mehr. |

Außen hui – Innen pfui!

Anmerkung aus heutiger Sicht: Immer wieder bin ich verblüfft, mit welchen fantastischen Computer-Programmen gearbeitet wird. Ruckzuck ist das Laptop mit Beamer oder interaktivem Whiteboard verbunden – schon wird farbenfroh und lustig animiert, interessant dargestellt.

Teilweise entspricht die Darstellung nicht der üblichen Kommunikation. Viele banale Rechtschreibfehler, fehlerhafte Interpunktion und grammatikalisch falsche Begriffe füllen den Text.

Das Layout, die Schriftgröße und die verständliche Darstellung von Diagrammen sind oft ausbaufähig.

Was den Älteren stören oder gar aufregen mag, ist dem Jüngeren offensichtlich zweitrangig – vielleicht ist es für ihn sogar unbedeutend.

Bei der Präsentation überzeugt die Kreativität der Ideen, die mentale Flexibilität, das fantastisch wirkende (mögliche) Zusammenspiel scheinbar jeden – egal wo auf der Welt.

Viele Ideen scheinen nicht wirklich durchdacht – ein ‚seriöser‘ Businessplan fehlt. Vielleicht ist das auch nicht so wichtig – die Hauptsache: „Erst mal eine tolle Idee – dann schauen wir mal.“

Alle Informationen sind überwiegend als Input zu betrachten. Was der Zuhörer damit anfängt? Wen interessiert das? Projektplanung, Zeitmanagement? Das scheint überholt oder zumindest zweitrangig.

Bei unseren Studierenden vor 15 Jahren, ,nur` 15 Jahren war das anders.

Das heißt, wenn etwas vereinbart war, gab es üblicherweise eine Rückmeldung in zeitnahem Abstand. Ich konnte erkennen, dass weitergearbeitet wird.

Beim nächsten Treffen konnte auf Erarbeitetes zurückgegriffen und weitere Teilziele vereinbart werden.

Auf den letzten Drücker

Aus den oben genannten 15 Jahren sind inzwischen 16, 17 oder 18 Jahre geworden. Wie geht es weiter mit den Y-ern?

Und wenn ich jetzt beruflich mit Unternehmen zu tun habe, sitzen dort diese Personen in ,Entscheiderposten`.

Dann merke ich auch ein anderes Verhalten untereinander. Alles läuft recht kurzfristig.

Ich stelle fest, dass viele der jungen Leute auf die letzte Sekunde arbeiten, auf den letzten Drücker. Das gab es früher auch, aber heutzutage deutlich verstärkt. Offensichtlich ist das Empfinden für Zeit ganz anders geworden.

Eine Deadline irgendwann bringt mich dazu, irgendwann vorher aktiv zu werden. Und irgendwann kann ein Tag vorher sein.

Solange das funktioniert ist alles gut, aber wenn die eine Person wieder vernetzt mit einer anderen arbeiten muss, dann haut es so nicht mehr optimal hin.

Das sehe ich als echte Herausforderung. Viele ,junge` Unternehmen scheinen heute auf diese Art ,dynamisch` zu arbeiten. Wenn mehr oder weniger alle so arbeiten, dann scheint es zu klappen und zu funktionieren. Aber ob (ältere) Kollegen/Kolleginnen so arbeiten, lässt ein großes Fragezeichen erscheinen.

„Immer cool bleiben!"

Es kann geschehen, dass ich trotz mehrfacher bittender Nachfrage erst am Vorabend die Teilnehmerliste für das Seminar am Folgetag erhalte.

Wie sollen – stressfrei – saubere Teilnehmer-Urkunden und personifizierte Unterlagen erstellt werden?

Egal – wenn es nicht hinhaut, scheint es nicht schlimm zu sein. Nachreichen langt dann auch.

Andererseits: Wenn ich heute eine SMS schicke, wundere ich mich, wie schnell die Antwort zurückkommt.

Die Leute leben so, wir leben so, das ist alles legitim. Auch die Nachteile, die sich daraus ergeben sind weitestgehend bekannt. Stress und so weiter.

Aber als es diese Technik nicht gab, haben die Leute anders gelebt. Die Leute von damals leben und arbeiten ja heute auch noch.

Unreflektiertes Handeln

Alles Jammern nutzt nichts. Der Einzelne wird es kaum schaffen, eine komplette Generation zu ändern. Weshalb auch? Wie sollten sich die älteren Personen verhalten?

Entweder sie übernehmen die neue Technik, versuchen mitzumachen, dann sind sie ‚drin‘. Oder sie sträuben sich dagegen und werden so zwangsläufig zum Außenseiter.

Und wir reden jetzt nicht von 80-Jährigen, sondern auch von Menschen um die 40, 50, die mir im Coaching gegenübersitzen.

Ich schätzte, dass diese Problematik in vielen Unternehmen auftritt. Hier hat sich ein Unternehmen etabliert, mit allen seinen Arbeitsschritten und Vorgehensweisen.

Und dann kommt der Nachrücker von der Uni mit seinem brandaktuellen Wissen und aktuellen Verhaltensmustern.

Das tragen sie nun unreflektiert an den Arbeitsplatz. Allerdings arbeiten sie dort (zwangsläufig als Berufseinsteiger) mit meist älteren Menschen zusammen.

Der Jüngere versteht den Älteren nicht und umgekehrt. Immer im eigenen Verhaltensmuster. Wenn beide erkennen und akzeptieren, dass der andere anders arbeitet, dann können beide Seiten voneinander profitieren.

Also wäre die Lösung, Verständnis füreinander aufzubauen, Wertschätzung anderen gegenüber zu zeigen.

Und ich gehe noch einen Schritt weiter. Was geschieht mit den 'Alten'? Was passiert mit deren Erfahrungswerten? Sie gehen ungefragt verloren. Das lässt sich fast als fahrlässig beschreiben, da die Nachrückenden das gesammelte Wissen und die gemachten Erfahrungen der Alten ungenutzt lassen.

Vorsichtige generationsübergreifende Kontaktaufnahme

Immer wieder kann über Versuche gelesen werden, die generationsübergreifend arbeiten.

Sei es in Lebensgemeinschaften oder als Senior Experts, letzteres sogar weltweit.

Gelegentlich überlässt eine Oma einem Studierenden gegen Unterstützung ein Zimmer. „Der hilft mir und muss dann nichts zahlen." Solche Modelle finde ich ganz toll.

Erstmal profitieren beide, nicht nur wegen der Miete oder des Wohnplatzes, sondern weil beide auch plötzlich mit einer total anderen Generation zu tun haben.

Das fördert das gegenseitige Verständnis und hilft, Generationenkonflikte möglichst erst gar nicht entstehen zu lassen.

Ähnliches kann erreicht werden durch ehrenamtliche Arbeit.

So höre ich vereinzelt, dass es in den Staaten mehr oder weniger zum guten Ton gehöre, sich zu engagieren und anderen zu helfen. Hier in Deutschland haben wir noch ein Defizit.

Es gibt ja schon eine Menge Möglichkeiten, sich ehrenamtlich zu beteiligen. Häufig sind es ältere Menschen, die sich beruflich gefestigt haben oder gar aus dem Berufsleben ausgeschieden sind.

Nun spreche ich hier die Jüngeren an.

Schon in der Schule und an der Uni ist schnell zu sehen: da sind einige, die sind engagieren. Schon im ersten Semester kristallisieren sich die Leute raus, die nicht warten bis jemand kommt und sagt „hier muss mal was getan werden". Sondern die suchen von sich aus, wie sie sich engagieren können.

Der jungen Generation wird vorgeworfen, dass sie sehr schnelllebig ist und handelt. Der Begriff ‚Vorwurf' ist unpassend, denn die jungen Leute können sich ja schlecht aussuchen, wann sie geboren werden. Sagen wir schnelllebig im Vergleich zu früher, so mag es denn stimmen.

Dieses schnellere Vorgehen hat ja auch deutliche Vorteile. Wenn wir uns den heute 20-Jährigen anschauen, dann war der schon im Ausland. Ein halbes Jahr lang, hat hier das gemacht, dort jenes und so weiter. Er spricht per se schon mal Englisch, vielleicht noch eine zweite oder dritte Sprache. Er hat einen interkulturellen Erfahrungsschatz als 20-Jähriger, das hat ein jetzt 60-Jähriger in seiner Jugend wahrscheinlich nicht erlebt.

Der damals 20-Jährige hatte deswegen keine Nachteile. Es betraf ja nun mal viele in der Gesellschaft.

Und könnten wir heute in die Zukunft denken, in das Jahr 2070 beispielsweise und würden vermuten, wie alles aussehen könnte, wären wir sehr wahrscheinlich herb enttäuscht im Jahr 2070. Wenn wir sehen, wie es tatsächlich sein wird.

Leben hinter dem Mond?

Unschwer ist zu erahnen, dass allein der zeitliche Aspekt, die ungeheure Schnelligkeit, die uns das digitale System anbietet, eine deutlich andere Art des Lebens nach sich zieht. Auch im Beruf.

Was bedeutet das nun, wenn ein junger Mensch heute ins Arbeitsleben einsteigt?

Für das Unternehmen selbst kann es ein Vorteil werden, wenn sich die Beschäftigten auf die jungen Leute einstellen. Es gilt gegenseitiges Verständnis aufzubauen, sich tatsächlich die Zeit zu nehmen, den anderen zu verstehen.

Mit dem Neuen reden, versuchen herauszufinden, wie er arbeitet, wie er ‚getaktet' ist. In Gesprächen lässt sich eine ganze Menge raushören. Denn auch die Älteren leben nicht hinterm Mond.

Nur wissen sie vielleicht nicht zwangsläufig mit welchen Medien der Jüngere arbeitet.

Es gibt ja ständig neue Möglichkeiten. Das heißt, das Unternehmen kann profitieren, wenn es sich die Kraft des Jugendlichen zu Nutze macht.

Und umgekehrt gilt das für den jungen Menschen.

Für den scheint ja alles so, wie er es aus seinem relativ kurzen Leben kennt. Nun wird er im Unternehmen auf Konstellationen treffen, die seiner Meinung nach überholt sind.

So kommt er in eine Abteilung und sieht dort, wie jemand arbeitet und will einen vermeintlich guten Rat geben.

Dort sitzt ein Sachbearbeiter, der seit 25 Jahre das und das macht. Der ‚Junge' gibt einen gut gemeinten Tipp, den aber nicht jeder annehmen möchte.

Also müsste der Jüngere überlegen: „Ich erkenne vermeintliche Schwachstellen, die aber aus Sicht des Unternehmens gar keine sind".

Deshalb sollte er erst einmal schauen, wie der Betrieb hier läuft, redet mit dem einen Angestellten hier, mit dem anderen Beschäftigten dort und bekommt dann mit, wie hier vorgegangen wird und eventuell auch, weshalb in dieser Art vorgegangen wird.

Wenn er nun sensibel seine Vorschläge unterbreitet, dann können beide profitieren.

Befehlen lässt sich eine solche Vorgehensweise nicht. Es müsste also ‚von innen raus' geschehen. Jemand ist bereit, Verständnis aufzubauen. Wandel ist gut, da es (meistens) Fortschritt bedeutet.

Die innere Motivation fehlt

Und genau dieser Punkt zeigt eine deutliche Schwierigkeit. Mit Anweisungen und Befehlen ist nichts zu erreichen.

Jeder der Betreffenden muss ‚verstehen' und ‚verstehen wollen'. Im nächsten Schritt sollte seine intrinsische Motivation ihm dabei helfen, empathisch vorzugehen.

Unsere Kultur ist nach wie vor eher auf eine rational arbeitende, Gewinn optimierende Vorgehensweise aufgebaut. Oft sieht diese Vorgehensweise den Menschen schwächer und austauschbarer an, als es sein müsste.

Wenn jemand ausfällt, fällt er aus; kommt eben der nächste.

Wenn ich eine Maschine anschaffe, die 60.000 Euro kostet, dann kostet sie nun mal so viel. Wenn ich einen Beschäftigten einstelle, der

60.000 Euro verdienen soll, scheint er in einem bestimmten Zeitrahmen zu teuer. Und da fehlt dieses Verständnis zueinander.

Jung und Alt: Rauft euch zusammen und profitiert voneinander!

Nicht schlechter – sondern anders

Dieser letzte Satz gilt nach wie vor – vielleicht wächst seine Bedeutung sogar täglich. Also nicht bis morgen warten, sondern sofort aktiv werden!

Hört sich das alles so an, als wären die Menschen der Generation Y schlechtere Arbeitnehmer oder Personen mit fragwürdigem Verhalten bei beruflicher Zusammenarbeit?

Nein – bei weitem nicht.

Wenn auf den folgenden Seiten der Eindruck entstehen sollte, die Y-er wären voller Fehler – dann soll es keineswegs so wirken. Diese Sicht mag immer aus der anderen Generation entstehen, da der Einzelne sein eigenes Verhalten als richtig bezeichnet. Alles, was gegen das eigene ‚richtig' läuft, muss demnach falsch sein.

Das ist eine typisch menschliche Denkweise, die so nicht haltbar ist.

Denn: Die Y-er sind genauso toll wie die X-er und die Babyboomer vor ihnen. Sie haben ebenso unbestechliche Stärken und bewundernswerte Kenntnisse, wie andere auch. Sie denken, fühlen und handeln nur anders. Anders! Das macht den Unterschied und den Reiz in der Zusammenarbeit aus. Also: lasst uns die Y-er verstehen und schauen, wie sie ‚ticken'.

Smart ist in

Die ältere Generation sagt immer ja – aber;
die jüngere Generation ja – also.
Wilhelm II. [Friedrich Wilhelm Viktor Albert von Preußen], deutscher Kaiser
(1859 - 1941)

Generation Y – Smart und lebensbetonend

Die Generation Y tritt etwa ab dem Jahr 2000 ins Berufsleben ein.

Wir haben bereits festgehalten: Bei dieser Generation stehen nicht mehr nur die Karriere und das damit verbundene Geld an erster Stelle. Der Gedanke der Work-Life-Balance kommt viel deutlicher zum Tragen.

Unternehmen, die gesundheits-orientierte Speisen in der Kantine anbieten und/oder Kinderbetreuung vor Ort zur Verfügung stellen, haben eine größere Nachfrage von Bewerbern.

Aufgrund der gewünschten flexiblen Arbeitszeit, gegebenenfalls auch vom Homeoffice aus, wird erwartet, dass auch mal abends oder bis in die Nacht sowie am Wochenende gearbeitet werden sollte beziehungsweise gearbeitet werden <u>darf</u>.

Sich endlos ‚langmachen' für die Ziele des Chefs, auf Annehmlichkeiten verzichten, bis spät abends und am Wochenende zwangsläufig arbeiten <u>müssen</u>, ist von den Y-ern nicht mehr gewollt.

Workaholics sind out. Lieber ein etwas kleineres Gehalt, gegebenenfalls sogar nur eine 30- oder 35-Stunden-Woche, dafür eine größere Work-Life-Balance.

Der Y-er schaut optimistisch in die Zukunft. Das bedeutet, dass Arbeit nicht mehr die höchste Priorität einnimmt. In diesem Zusammenhang ist vom Begriff ‚Smart Working' zu hören.

Smart Working

Obwohl es keine eindeutige Definition für diesen Begriff gibt, wird darunter das berufliche Zusammenspiel zwischen, Arbeitsplatz und Ausstattung gesehen.

Auch wenn die Loyalität in den Hintergrund rutscht (bietet ein anderer Arbeitgeber angenehmere Konditionen, wird gewechselt – und zwar von heute auf morgen) gewinnt der zwischenmenschliche Austausch an Bedeutung.

Fördern und fordern

Unabhängig davon zeigen sich weitere Gründe für den beruflichen Wechsel. Vor allem wird bei Umfragen immer wieder auf die mangelnde Wertschätzung hingewiesen. Wer will sich schon gerne nur als ‚laufende Nummer' oder befehlsempfangende Maschine betrachten?

Weiterhin werden fehlende fordernde Arbeitsinhalte (also nicht nur immer wiederkehrende 08/15 Vorgänge) genannt, wie auch die fehlende Perspektive.

Flexibilität ist schön, aber wenigstens ungefähr sollte trotzdem klar und verständlich sein, welche Ziele vom Unternehmen vorgegeben sind. Unternehmen, die ständig neue, teilweise entgegenlaufende Strategien aufstellen, unterstützen (ungewollt?) den steigenden Wunsch der Mitarbeiter nach einem Wechsel des Arbeitsplatzes, beziehungsweise des Arbeitgebers.

Konstruktiver Austausch

Zum Chef muss nicht mehr mit Zittern und Angst aufgesehen werden, wenngleich aber mit Achtung und Respekt.

Der Austausch mit Kollegen ist – wie es das Wort schon ausdrückt – kollegial. Bei aller Kollegialität und vermeintlicher

Teamarbeit drängen sich die eigenen Bedürfnisse manchmal egoistisch in den Vordergrund.

Der ständige konstruktive Austausch mit dem Vorgesetzten ist gewünscht und wird erwartet, Feedback gehört zum Berufsalltag.

Der Y-er will auf jeden Fall wertgeschätzt werden – als Person wie auch in seiner Leistung. Deshalb spornt echt gemeintes Lob an und überträgt sich auf die innere Motivation.

Gleichberechtigung

Der Gedanke der Gleichberechtigung ist bei den meisten Y-ern vorhanden, im Hinblick auf Herkunft, Ethnie, Religion, Sexualität und Geschlecht. Zumindest auf dem Papier gelten alle Gedanken zur Gleichberechtigung und werden weitestgehend auch umgesetzt.

Dieses lobenswerte Vorgehen löst allerdings das immer wieder mal durchscheinende egoistische Verhalten aus.

„Teamarbeit ist gut – aber wichtiger ist, dass ich gut dastehe."

„Zusammenarbeit auf gleichem sozialen Niveau ist selbstverständlich – wobei es nicht schadet, ein eigenes, deutliches Profil zu zeigen."

Manch einer tut sich schwer, selbstbewusstes Auftreten und zielorientiertes Handeln gegen Arroganz oder überhöhte Eigeninteressen abzugrenzen.

Da viele Mitarbeiter sowieso nur für wenige Jahre an derselben Arbeitsstelle bleiben, ist es zwar ärgerlich, einen ‚blöden' Chef zu haben ... andererseits weiß sowieso keiner, wie lange der direkte Vorgesetzte bleibt. Die Zeit ist schnelllebig geworden, was sich auch in personellen Umstrukturierungen zeigt.

Trotzdem wird ein angenehmes Arbeitsklima bevorzugt. Das Leben ist viel zu wundervoll, um es in einem unangenehmen beruflichen Umfeld versauern zu lassen.

Das positive Arbeitsklima prägt deutlich die Arbeitsweise und somit den Erfolg der Unternehmensarbeit.

Das räumliche Umfeld

Der zweite Schwerpunkt im Bereich des Smart Workings bezieht sich auf das räumliche Arbeitsfeld.

Ein heller, freundlich ausgestatteter Arbeitsplatz mit ergonomisch gestaltetem Büromobiliar gilt als Basis. Der Zugang zum Arbeitsplatz muss ständig gewährleistet sein, auch außerhalb der klassischen Bürozeit.

Der Y-er will flexibel mit seiner Arbeitszeit umgehen können. Mal arbeitet er problemlos bis tief in die Nacht, erscheint ein paar Stunden am Sonntag, trifft aber am Mittwoch erst um 11:00 Uhr ein, da er vorab sein Sportstudio besucht.

Sein Arbeitsplatz soll idealerweise logistisch gut erreichbar sein, sei es mit der Bahn, öffentlichen Verkehrsmitteln oder mit dem PKW. Zurzeit wird beispielsweise darauf geachtet, ob Anschlüsse für E-Autos installiert sind.

Reinigungskräfte halten den Arbeitsplatz und sonstig genutzte Räume sauber.

Der Y-er scheut sich nicht, an verschiedenen Arbeitsorten eingesetzt zu werden; die räumliche Flexibilität gehört neben der zeitlichen zu seinen Stärken. Deshalb macht es ihm in der Regel nichts aus, weltweit unterwegs zu sein, immer unter der Voraussetzung, dass er – egal wo auch immer – vernünftig arbeiten kann.

Auch die Arbeit im Homeoffice genießt einen hohen Stellenwert.

Mobile und moderne Ausstattung

Der dritte Bereich, die moderne und mobile Ausstattung, darf keinen Grund zur Beanstandung geben. Es wird vorausgesetzt, dass jederzeit und von jedem Ort aus, sofort und schnell auf Datenbanken und Unterlagen zugegriffen werden kann.

Der Zugang zum Internet gilt als selbstverständlich, und damit auch die Ausstattung mit modernster Technik, Soft- und Hardware.

Auch dann, wenn Geräte oder Hilfsmittel von mehreren Mitarbeitern genutzt werden oder je nach Bedarf eingesetzt werden sollen, müssen sie immer im Topzustand sein.

Diese drei Schwerpunkte bilden demnach eine Art Grundgerüst, auf dem sich alles andere aufbaut oder gar miteinander verzahnt.

Gewinnt ein Bewerber beim Vorstellungsgespräch den entsprechenden und erwarteten Eindruck seines neuen Arbeitsplatzes, ist das Fundament einer guten Zusammenarbeit gelegt.

Das Leben ist wertvoll

Die größte Entdeckung meiner Generation ist die,
dass der Mensch nur durch Änderung seiner Einstellung
sein Leben ändern kann.
William James, US-amer. Psychologe
(1842 - 1910)

Work-Life-Balance

Die Balance, Arbeit und Leben im Gleichgewicht zu halten, ist eine Herausforderung für sich. Unzählige Selbstständige jammern immer wieder über die empfundene Schieflage der beiden Ausrichtungen.

Verständlicherweise ist der Selbstständige stark daran interessiert, einen hervorragenden Umsatz zu erzielen.

Oft neigt er deshalb dazu, mehr und noch mehr zu arbeiten. „Eben gerade noch ...", ja, ja, das ist bekannt. Für den Selbstständigen gibt es immer etwas zu tun. Im Idealfall zeigt sich das am sprudelnden Umsatz. Aber: „Ein bisschen mehr geht immer."

Oder doch nicht? Wer setzt die Grenzen? Wer verzichtet freiwillig auf die Möglichkeit, sein Vermögen zu vermehren?

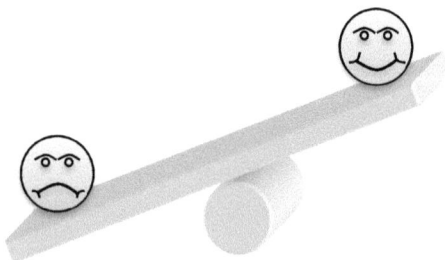

Der Körper schickt Warnsignale

Bei allem guten Verständnis und dem Wunsch eines materiellen Erfolgs braucht der Körper Ruhe und Zeit zur Erholung.

Er wird sich nicht ewig ausbeuten lassen. Anfangs schickt er fast unauffällige Warnzeichen. Werden diese nicht erkannt oder gar ignoriert, greift er zu kräftigeren Signalen; ein Herzstechen hier, ein Schwindelanfall dort. Sollte das auch nicht fruchten, dann folgt das Magengeschwür, der Hörsturz, der kleine Herzanfall oder gar das Burnout.

Jetzt muss die medizinische Handbremse gezogen werden!

Vielleicht rüttelt solch ein Vorfall den Betroffenen wach. Vielleicht wird ihm jetzt erst bewusst, wie wertvoll und einmalig das Leben ist. „Wo ist die Zeit geblieben?" fragt er sich. Die Antwort: Sie ist unwiderruflich vergangen. Sie kann nicht mehr zurückgeholt werden.

Ins Privatleben investieren

Ergo: Mehr Zeit ins Privatleben investieren! Sich mehr um das soziale Umfeld, Freunde und Familie kümmern; mehr Zeit mit ihnen zusammen verbringen. Mit diesen zusammen Dinge erleben und gemeinsame Erfahrungen sammeln.

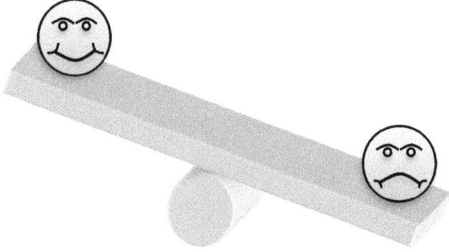

Nicht umsonst wird bei diesem Themenbereich von einer Balance gesprochen. Denn die Seite ‚Life' könnte ja auch dominieren. Die Arbeit – und damit der Umsatz – würden vernachlässigt. Vielleicht steigt das Lebensgefühl aufgrund der vermeintlich offenen Freiheit. Aber ohne Geld geht es in unserer Kultur wohl auch nicht.

So ist es sinnvoll, eine individuell zu bestimmende Ausgewogenheit zwischen Arbeitswelt und (privatem) Leben zu finden. Dann ist die Balance gefunden und wird idealerweise gehalten.

Nicht nur der Selbstständige hat mit dieser Herausforderung zu kämpfen, der Arbeitnehmer ebenso.

Bestleistung in kürzester Zeit

Der Vorgesetzte erwartet Bestleistung in kürzester Zeit. Der Mitarbeiter will diese Leistung erbringen, was fast zwangsläufig mit der klassischen Arbeitszeit kollidiert. Nein, es ist nicht schlimm, ein paar Überstunden zu machen – aber nicht ständig und schon gar nicht in solch einer unglaublichen Menge, dass sie rechnerisch kaum mehr abgebaut werden kann.

Das ist dem X-er häufiger passiert; die Gefahr droht dem Y-er genauso. Aber dieser ist weniger als früher bereit, diesen gefährlichen Weg einzuschlagen.

Die Generation Y muss doppelt so viel arbeiten

Um das Jahr 2016 herum wird vielen Y-lern bewusst, dass sie sich finanziell in einer schwierigeren Lage befinden als die Generation davor. Die Haben-Zinssätze nähern sich der Null-Prozent-Marke. Ja, vereinzelt wird mit Negativ-Zinsen gearbeitet.

Wo früher Sparverträge, Lebensversicherungen und andere Zins-Ansammlung-Modelle teils ‚dicke' finanzielle Zuwächse sicherten, bringt das Anlegen von Geld keinen finanziellen Vorteil.

Um am Lebensende dasselbe finanzielle Polster erreicht zu haben, was die Vorgeneration schaffte, muss rechnerisch das Doppelte geleistet werden. Für die meisten Menschen ist das absolut illusorisch und nicht machbar. Die Ersten fangen an nachzudenken, was das für ihre Alters-Vorsorge bedeuten wird.

Erschwerend kommt hinzu, dass eine deutlich wachsende Zahl von Beschäftigten nur mehr mit zeitlich begrenzten Arbeitsverträgen im Berufsleben steht.

Die vermeintlich berufliche Sicherheit eines festen Arbeitsplatzes wird mehr und mehr zur Ausnahmesituation.

Diese Konstellationen werden voraussichtlich einen jungen Menschen der Z-Generation noch mehr betreffen, weshalb er sich noch mehr Gedanken über seinen beruflichen Einstieg machen sollte.

Die Ausgewogenheit muss her

Es wird erkennbar, in welches mögliche Dilemma sich der Y-er zu begeben droht.

Das ist ihm bewusst, weshalb er bei der Berufswahl von vornherein darauf Wert legt, eine vernünftige Ausgewogenheit zu erzielen.

So achtet er beispielsweise darauf, dass in der Nähe zum Arbeitsplatz – oder vielleicht sogar am Arbeitsplatz selbst – eine Kita, ein Kindergarten und ein sportliches Angebot zur Verfügung steht.

Der aufgestellte Tischfußball allein reicht nicht mehr aus. Das Fitnessstudio, ein professionelles Massageinstitut oder sogar ein gewisser Wellnessbereich würden sicher nicht abschrecken.

Ein vertrauensvoller Betriebspsychologe, ein Betriebsarzt, Beauftragte im Falle von auftretenden Problemen geben Hinweise auf einen Arbeitsplatz, der auf die Bedürfnisse der Mitarbeiter eingestellt ist.

Gesunde und abwechslungsreiche Ernährung

Das früher übliche Wort Kantine findet sich nur noch selten. Restaurant, Bistro, Food-Area und andere klingen angenehmer. Die abwechslungsreiche und vielseitige Auswahl achtet auf religiöse Einschränkungen, auf das Angebot biologischer Produkte, auf nachhaltige Warenproduktion und so weiter.

„Mens Sana in Corpore sano" (Decimus Iunius Iuvenalis, bekannt als Juvenal, röm. Dicher, 58/60 – 127/138). Bekanntlich wohnt ein gesunder Geist in einem Körper. So spricht vieles für das kulinarische ‚Drumherum'.

Nun fehlt zu diesen Gedanken nur noch die Möglichkeit der flexiblen Arbeitszeit, der Gleitzeit oder anderen arbeitnehmerfreundlichen Modellen. Weg von der starren Bürozeit montags bis freitags von 08:00 Uhr bis 16:00 Uhr.

Die Erwartungshaltung des Kunden und des Geschäftspartners rund um die Welt sehen keine zeitliche Begrenzung mehr.

Die Arbeit mit und im Internet trägt verstärkt dazu bei, 24 Stunden täglich an sieben Tagen der Woche uneingeschränkten Zugriff zu genießen.

Viele entsprechend denkende Unternehmen sind schon längst dazu übergegangen, nicht mehr nach Zeit (X geleistete Stunden), sondern nach Ziel (bis dann und dann ist etwas erledigt) zu vergüten.

Bei dieser Vorgehensweise ist natürlich eine ganz große Portion an Vertrauen gefragt. Die Kontrolle fällt nicht weg, ist aber eher auf Stichproben, Zwischen- und abschließende Ziele gelegt.

Work-Life-Blending

Werden alle oben genannten Punkte berücksichtigt, kann nicht nur eine tolle Work-Life-Balance hergestellt werden. Es drängt sich auch der Begriff des Work-Life-Blending auf, ein fließendes Ineinander-Übergehen von Berufswelt und privatem Leben.

Auf dem Weg zur Arbeit das Kind in die Kindertagesstätte bringen, in der Mittagspause ein paar sportlichen Aktivitäten nachgehen oder am Dienstag im Homeoffice arbeiten.

Die Gefahr dieser beruflichen und privaten Überschneidung liegt auf der Hand und ist vielen bestimmt auch bekannt.

Beispielsweise wird das dann sichtbar, wenn bei privatem Zusammensein mit Freunden ‚zwischendurch' auf eine berufliche Mail geantwortet wird oder vom Badestrand aus ‚wichtige' berufliche Anweisungen per Smartphone gegeben werden müssen.

Work-Life-Separation

Die in den beruflichen Startlöchern stehende Generation Z distanziert sich vom Work-Life-Blending und zieht deutliche Grenzen zwischen Beruf und Privat. Hierzu gibt es den Begriff Work-Life-Separation. Die Generation Y ist noch nicht ganz so weit.

Arbeit von zuhause aus

*Die Philosophie einer Generation
ist der gesunde Menschenverstand der nächsten.*
**Gebhard Leberecht von Blücher, Fürst von Wahlstatt,
preuß. Generalfeldmarschall
(1742 - 1819)**

Ablenkung von der Arbeit

Befragungen haben gezeigt, dass ein beachtlicher Teil der Mitarbeiter zugibt, teilweise ineffizient zu arbeiten. Hauptgrund: umständliche Arbeitsabläufe oder veraltete Technik. Weiter wird zugegeben, dass immer wieder eine sehr deutliche Ablenkung durch Kollegen erfolgt.

Der wichtigste Punkt beim Thema Ablenkung ist die verlockende Benutzung des Smartphones. Zwischendurch immer mal wieder schauen, wer eine Nachricht hinterlassen hat – und was es sonst so Neues gibt.

Manche Unternehmen haben klare Vorgaben zur Benutzung privater Smartphones gegeben, um zumindest hier keinen Arbeit- und Aufmerksamkeitsabfluss beklagen zu müssen.

Es darf unterstellt werden, dass es eines gewissen Vertrauens bei der Arbeit im Homeoffice geben soll.

Homeoffice und Open Office

Da der Y-er so viel wie möglich Zeit in der Nähe seiner Familie oder Freunde verbringen möchte, ist er dem Gedanken, an einem oder mehreren Tagen von Zuhause aus zu arbeiten, nicht abgeneigt.

So ganz nebenbei entfällt die Fahrt zum Arbeitsplatz, womit neben Energie auch Zeit gewonnen wird und vor allem möglicher Verkehrs-Stress entfällt.

Die Arbeit zu Hause klingt zuerst einmal verlockend, kann sie doch – zumindest theoretisch – beliebig eingeteilt werden.

Unterbrechungen sind möglich, wann immer gewünscht oder erforderlich.

Es kann früh morgens oder spät abends gearbeitet werden, sofern das mit dem Unternehmen abgesprochen wurde.

Manchmal rückt dem Vorgesetzten die Befürchtung in den Vordergrund, dass ihm eine Kontrolle über die Arbeit des Homeoffice-Mitarbeiters verloren geht.

Dieser Gedanke mag nicht so abwegig sein. Mit aktueller Technik ist es hingegen möglich – auch Tage später – Arbeitsvorgänge nachvollziehen zu können und somit ein Arbeitsprofil zu erstellen.

Es kann genau ermittelt werden, wann der Mitarbeiter welche Vorgänge am Personalcomputer oder Laptop erledigte.

Möglicherweise dreht sich damit die Kontrolle sogar ins Umgekehrte: Nämlich, dass der Mitarbeiter (zumindest theoretisch) noch mehr kontrolliert werden könnte als bei der Arbeit in einem Büro des Unternehmens.

Einrichtung des Homeoffice

Arbeiten auf dem Küchentisch oder auf einem Beistelltisch im Schlafzimmer neben der aufgespannten Wäschespinne kann sicher nicht als optimaler Arbeitsplatz angesehen werden. Ablagemöglichkeiten fehlen, Ablenkung ist zu erwarten, Arbeitsabläufe werden unterbrochen.

Das sind generell keine guten Voraussetzungen für ein ideales Arbeitsumfeld.

Sofern es möglich ist, sollte ein Extraraum als Homeoffice genutzt werden können. Privates wird weitestgehend aus diesem Raum verbannt.

Die Arbeitsfläche ist groß genug und es stört niemanden, wenn Arbeitsunterlagen ein paar Tage ausgebreitet liegen bleiben.

Weiter muss der Raum gut beleuchtet sein, speziell soll der Arbeitsplatz gut ausgeleuchtet werden. Das vermeidet schnelle Übermüdung und die damit verbundene Steigerung von Flüchtigkeitsfehlern bis hin zu schwerwiegenden Fehlern.

Optimal ist es, wenn der Raum Tageslicht erhält. Ist der Raum gut zu lüften? Lassen sich die Fenster problemlos öffnen?

Dann sind die wichtigsten Voraussetzungen erfüllt.

Datenschutz

Der Homeoffice-Mitarbeiter muss vorsichtig mit allem, was den Datenschutz betrifft, umgehen. Sensible Daten, wie auch Rückschlüsse auf personenbezogene Informationen gehören nicht in das Blickfeld Dritter!

Hier gilt es gesetzliche Vorschriften zu beachten, die unbedingt einzuhalten sind.

Bei Unklarheiten diesbezüglich sollte zeitnah ein Austausch mit dem Vorgesetzten oder (sofern vorhanden) dem betriebsinternen Datenschutzbeauftragten erfolgen.

Gute Vorbereitung

Kommen Sie in den Genuss der Arbeit im Homeoffice?

Nehmen Sie sich ausreichend Zeit, um Ihren Arbeitsplatz optimal einzurichten und auszustatten. Schließlich wollen Sie eine längere Zeit dort arbeiten.

Legen Sie genau fest, von wann bis wann Sie jeweils eine Arbeits- oder eine Ruhepause einlegen wollen. Stellen Sie sicher, dass Sie möglichst ungestört arbeiten können.

Lassen Sie sich nicht durch die Signale der sogenannten sozialen Plattformen ablenken. Schließlich wollen Sie produktiv und effektiv arbeiten.

Übrigens: Essen und Trinken am Arbeitsplatz gilt als wenig gesund. Das gilt im Büro wie auch zu Hause im Homeoffice. Wollen Sie eine Pause einlegen, um einen Snack oder eine Mahlzeit zu sich zu nehmen, verlassen Sie den Arbeitsplatz. Gestärkt kehren Sie anschließend zurück, um sich erneut dem Beruflichen zu widmen.

Gute Umsetzung!

Open Office

Um Büroarbeiten ungestört erledigen zu können, braucht es einen vernünftigen Arbeitsplatz.

In unzähligen Unternehmen reiht sich ein Büro neben das andere – selbstverständlich sind die Bürotüren geschlossen. Schließlich soll ungestört gearbeitet werden können.

In vielen modern arbeitenden Unternehmen gilt diese Art der Zusammenarbeit als überholt. Sofern keine arbeitsrechtlichen oder Sicherheitsbedenken greifen, werden heute bevorzugt kommunikativere Arbeitsplätze zur Verfügung gestellt.

Aktuell gilt das Open Office als gern eingesetztes System. Wie lässt sich Open Office übersetzen? Vielleicht als Großraumbüro? Das trifft es nicht ganz. Vor allem sind für viele Menschen Großraumbüros mit störender Geräuschkulisse und den damit gegenseitigen Behinderungen in Erinnerung.

Speziell dann, wenn an zig Arbeitsplätzen, die durch Trenn- oder Stellwände voneinander getrennt sind, trotzdem jedes Geräusch des Nachbarn wahrgenommen wird.

Arbeitsinseln

Nein, Großraumbüro ist nicht passend. Gemeint ist eine groß-räumige, offene Fläche mit – nennen wir es mal – Arbeitsin-seln.

Hier steht ein großer, ovaler Tisch, der für einen Austausch von Gruppen oder Teams geeignet ist.

Dort eine kleinere Sitzecke, in der sich zwei oder drei Perso-nen ungestört austauschen können. Daneben ein Hocker in einer Breite, sodass gerade noch eine zweite Person darauf Platz findet.

Da drüben stehen gemütlich wirkende Einzelsessel mit hoher Rückenlehne, die sich an beiden Längsseiten vorsichtig nach vorn winden. Jemand, der allein, mit seinem Laptop auf den Knien, Ohrstöpsel in den Ohrmuscheln, intensiv arbeiten will, findet sich hier ein. Je nach Bedarf dreht er den Sessel in die Richtung, die ihm angenehm erscheint.

Food und Beverage

Ein Food- und Beverage-Tresen (Speisen und Getränke), vor einem Kühlschrank und einem Getränkekühlschrank, einer Mikrowelle, einer Herdplatte, Schränke für Gläser, Geschirr und Besteck, sowie für Material wie Servietten, Strohhalme und so weiter, lädt zum vorübergehenden Verweilen oder informellem Austausch ein.

Einige schicke Barhocker stehen am Tresen, daneben ein paar Stehtische. Auf dem Tresen warten knackige Brötchen und frisches Obst, ein paar Snacks und Süßigkeiten auf den hungrigen Mitarbeiter. Jeder bedient sich so, wie er will, wann er mag und was immer er bevorzugt.

Ein dafür eingestelltes Personal achtet immer für Sauberkeit und sorgt dafür, dass die Speisen und Getränke aufgefüllt sind.

Lounge und Chaiselongue

An anderer Stelle lädt eine farbenfrohe Lounge mit gemütlich wirkenden Ein- und Zweisitzern Mitarbeiter ein, die mit einem Gast oder Kunden ein Gespräch führen wollen.

Hinter einer milchigen Scheibe, die als Trennwand eingesetzt wurde, hängen einige korbähnliche Sitzplätze. In diesem Bereich ist es etwas ruhiger. Derjenige, der allein arbeiten will und seine Gedanken durch ein sachtes Hin- und Herschaukeln unterstützt, zieht sich vorübergehend hierhin zurück.

Noch ein paar Meter weiter ist ein durch eine Glastür getrennter Stillraum. Neben bequemen Sesseln gibt es Liegestühle oder Möbel, die den etwas altmodisch klingenden Namen Chaiselongue (gepolsterte Liege mit Kopfstück) tragen. Ähnlich sieht das Récamiere (Sitz- oder Liegemöbel mit einer Armlehne an einem Ende) aus.

In manchen Unternehmen wird in Stillräumen die Option geboten, Gebete zu halten oder zu meditieren.

Think tank

Weiter, meist durch Glaswände von anderen Räumen getrennt, befinden sich Rückzugsorte, die als Think tanks (zu Deutsch etwa mit Denkfabrik übersetzt) bezeichnet werden.

Meist möbliert mit einem Tisch, einigen Stühlen, interaktivem Whiteboard, Flipchart, großem Monitor, an den die technischen Geräte problemlos angeschlossen werden können. Hin und wieder wird auf klassische Stühle verzichtet zugunsten einer Art höher gestellten Tischs, der als Arbeitsfläche genutzt werden kann. Einige Barhocker/Barstühle stehen zur Verfügung. Genügend Arbeitsmaterial wie Papier, Marker, Farbstifte und anderes sind verfügbar.

Die Think tanks (auch Thinktank oder Think Tank) liegen nicht zwangsläufig versteckt in irgendeiner Ecke, sondern können sich auch mitten im großen Raum befinden. Geschickte Innenarchitekten planen sie dort ein, wo sie unauffällig aber wirkungsvoll die Gesamtfläche unterbrechen sollen.

Office Walls

Zwischendurch ziehen Office Walls (Bürowände, auch freistehend) die Aufmerksamkeit auf sich. In großer Schrift sind hier aufmunternde Sätze oder Zitate angebracht, die entweder die Unternehmens-Philosophie unterstützen oder originell auf Teamarbeit, Erfolg und Vergleichbares aufmerksam machen.

Zeitgemäßes Netzwerk

Manchmal findet sich in einem Bereich eine kleine Bühne mit mehreren Stühlen davor.

Dieses Arrangement kann geeignet sein für Vorträge, Reden, Schulungen wie auch für kulturelle Darbietungen am Abend.

Zum Beispiel als zusätzliches Angebot für die Beschäftigten und Kunden. Netzwerkveranstaltungen lassen sich somit im Gesamtarrangement des Open Office umsetzen.

Kommunikation und Kreativität

Obwohl ständig eine unterschwellige Geräuschkulisse den Raum füllt, fühlen sich die meisten Mitarbeiter in diesem Umfeld wohl. Jeder zieht sich je nach Bedarf und Stimmung an den Ort zurück, der ihm in diesem Augenblick am ehesten zusagt.

Es gilt als erwiesen, dass sich durch diese Aufteilung des Arbeitsplatzes nicht nur die Kreativität steigern lässt, sondern auch den (beruflichen) kommunikativen Austausch fördert.

Hierarchien werden flach, die Wege zueinander kürzer. Eine ‚offene‘ Zusammenarbeit wird praktisch gezeigt und tatsächlich auch praktiziert.

Es ist nicht schlimm, wenn in solch einem Open Office verschiedene Gestaltungsstile zusammenkommen. Es kann mit Farben und Formen regelrecht gespielt werden, um verschiedene Stimmungen zu erzeugen.

Je nach Standort und Blickrichtung des Einzelnen ergeben sich immer wieder neue An- und Einsichten. Dem kreativen Gedanken sind keine Grenzen gesetzt.

Rein in die virtuelle Welt

*Eine neue Generation kündigt sich immer dadurch an,
dass sie glaubt, auf irgendeinem Gebiet eine neue Wahrheit entdeckt zu haben.*
Hermann Anastas Bahr, österr. Schriftsteller
(1863 - 1934)

Digitalisierung

Wo immer es zu Gesprächen über anstehende Projekte geht, kommt schnell der Begriff der Digitalisierung auf den Tisch.

Die Politik bemüht sich eifrig, die gesetzlichen Voraussetzungen zu legen, damit schnell, viel und rund um die Uhr online gearbeitet werden kann. In der Gesellschaft ist der Bedarf sehr hoch. Wirtschaft und Wissenschaft entwickeln sich ständig weiter.

Um wirtschaftlich wettbewerbsfähig zu bleiben, muss tief in die Digitalisierung investiert werden. Wer nicht mitmacht, gehört schnell zum ‚alten Eisen‘, schneller als ihm lieb sein kann.

Unternehmen, die weder in die Hardware investieren noch in die Software Mensch, der die Hardware optimal bedienen kann, werden im Wettbewerb nicht mithalten können.

Viele aus der Generation X tun sich immer wieder schwer, mit den vielen (neuen) Angeboten umzugehen, die gefühlt fast wöchentlich auf den Markt geschwemmt werden.

Wer wäre für diese Arbeit nicht geeigneter als die jungen Menschen der Generation Y?

Generation Y – Leben mit der digitalen Welt

Die Generation Y lebt sowieso mithilfe der digitalen Welt und kennt sich in der virtuellen Welt aus.

Es gibt einen deutlichen Unterschied zwischen Generation Y und Z. Meinten die Y-ler eben noch, dass ihre Lebenseinstellung die neueste und beste ist, empfinden die Z-ler schon wieder ganz anders.

Aus Sicht der X-ler sind beide ‚jung'. Hat der Arbeitgeber sich eben mühsam daran gewöhnt, die Generation Y optimal in die Arbeitswelt zu integrieren, stehen bald schon wieder die neuen Herausforderungen aufgrund neuer technischer Möglichkeiten an.

„Früher ging's auch ohne."

Der Ältere wird hin und wieder mit den geseufzten Worten zitiert. „Zu unserer Zeit ging das auch ohne Handy …" was mittlerweile jedem bekannt sein sollte (auch wenn sich die Jungen wundern, ‚wie' die Alten ihr Leben damals meistern konnten).

Allein die Benutzung des Wortes Handy zeigt, dass diese Aussage auch schon wieder überholt ist – in den meisten Fällen sind Smartphones im Einsatz.

Neue Errungenschaft – wunderbar

Den Y-ern ist die ständige Änderung vollkommen egal.

Gierig wird jetzt mit der neusten Technologie gearbeitet; ständig gibt es neue Errungenschaften, bei denen die meisten sich fragen, wieso es so etwas nicht früher gab, obwohl allerdings dieser Fortschritt bis dato nicht vermisst wurde.

Es baut sich die gigantische Möglichkeit der Nutzung des privaten wie beruflichen Netzwerks auf, das es immens erleichtert, Arbeitsschritte zu vereinfachen und mehr Menschen in unglaublich kurzer Zeit zu informieren.

Die möglichen Gefahren werden zum Zeitpunkt des Entstehens dieses Textes gerade bewusst. Der Erfinder von Facebook muss sich unangenehmen Befragungen stellen. Ihm wird mangelnder Umgang in Sachen Sicherheit mit seinen gesammelten Daten vorgeworfen.

Heute ist fast schon gestern

Noch vor einigen Jahren galt das Motto „Today in – Today out". Obwohl hier von der Zeitspanne eines Tages gesprochen wird, sind 24 Stunden den meisten zu lange. Das, was jetzt ‚herein' kommt, wird sofort bearbeitet. Eine Rückmeldung, zumindest eine Bestätigung des Eingangs, erfolgt binnen Sekunden.

Das hat unglaubliche Auswirkungen auf den beruflichen Alltag. War es in der Generation X noch üblich, über Monate, eventuell Jahre, zu planen, verringern sich diese zeitlichen Abstände in immer kürzere Einheiten. Das, was ursprünglich in einem Jahr sein sollte, überholt sich bis dorthin mehrfach und stimmt dann mit den Anforderungen überhaupt nicht mehr überein.

Heutzutage drängt die Geschwindigkeit der Systeme zu unglaublich ebenso schnellen Entscheidungen. Unausgereifte Ideen und nicht gänzlich durchdachte mögliche Stolpersteine werden dann schon mal übersehen. Das kann zu bösen und teuren Folgen führen.

Neues und flinkes Denken

Dass es zu Herausforderungen in der Zusammenarbeit zwischen den Generationen kommen muss, scheint genaugenommen betrachtet logisch. Tatsächlich ist solch ein Generationenübergang eher fließend, sodass ein ‚gut (ein-)gelaufenes' System gar nicht mitbekommt, dass sich Menschen anderes verhalten als bisher.

Die Aussage wie „Das war schon immer so" hat nun absolut keine Gültigkeit mehr.

Unternehmer, die (hoffentlich) über den Tellerrand blicken, erkennen, dass es andere Trends und andere Verhaltensmuster gibt, die den beruflichen Ablauf beeinflussen werden.

Das, was bisher als sehr gut bezeichnet werden konnte, muss nunmehr nicht zwangsläufig als sehr gut betrachtet werden.

Ganz schnell können vermeintlich sichere Vorgehensweisen nicht mehr greifen. Also: Ständig auf der Hut sein, das Umfeld gut beobachten, Trends wahrnehmen und sinnvolle Entscheidungen für die nahe Zukunft treffen.

Sofortiger Einstieg in die digitale Welt

Die jungen Menschen der Generation Y erwarten überall und ständig einsetzbare digitale Techniken, die selbstverständlich auf dem neuesten Stand sind. Sie müssen jederzeit umfassend genutzt werden können.

Das gilt vom ersten Arbeitstag an. Der motivierte Neueinsteiger will sofort loslegen können. Der Zugang zum digitalen System soll direkt und schnell möglich sein.

Sinnvollerweise werden schon vor dem ersten Arbeitstag E-Mail-Adressen und Zugangsberechtigungen für den Neuen eingerichtet. Die notwendige Hardware steht am geeigneten Arbeitsplatz zum Einsatz bereit.

Mentale und tatsächliche Verknüpfung mit dem Internet

Der Alltag der Generation Y ist stark mit dem Internet verknüpft. So werden beispielsweise Fotos, Videos, Musik und anderes endlos mit anderen geteilt.

Das wird dem Chef manches nicht verstehendes Kopfschütteln entlocken. Nun gut – das ist die neue Zeit, die Jugend, die Zukunft. Damit auch die eigene Zukunft.

Rein in die digitale Verknüpfung

Obwohl einer der Vorgesetzte und der andere der Mitarbeiter ist, was dadurch eine klare Hierarchie vorgibt, flachen durch den richtigen Einsatz digitaler Techniken die Hierarchie-Ebenen ab – oder: Sie rücken zusammen.

Vorteile vernetzten Austauschs

- Informationen können sofort überall abgerufen werden.

- Informationen können an viele Empfänger gleichzeitig gesendet werden.

- Wissen kann schneller ausgetauscht werden.

- Jeder Beschäftigte mit digitalem Zugriff hat dieselben Möglichkeiten, Kommentare abzugeben.

- Eine digitale Kommunikation untereinander ist möglich – auch über Hierarchie-Ebenen hinweg oder direkt mit Kunden.

- Ideenaustausch, auch mit Externen ist leichter möglich.

- Jeder kann seine eigenen kreativen und innovativen Ideen einbringen.

- Die Transparenz steigt.

- Die Eigenverantwortlichkeit wächst.

- Besseres Verständnis der Nutzer untereinander kann sich aufbauen, wenn Gedankengänge nachvollzogen werden können.
- Prozesse sind leichter nachzuvollziehen.
- Feedback ist schneller auszutauschen.
- Zeit wird gespart.

Nachteile vernetzten Austauschs

Selbstverständlich kann es auch Nachteile des vernetzten Austausches geben.

- Fehlinformationen können sich schneller verbreiten.
- Eine Art Schwarmintelligenz kann die individuelle Intelligenz verdrängen.
- Wer sich nicht am digitalen Austausch beteiligt, gerät gegebenenfalls ins Abseits.

Bestimmt gibt es noch mehr Nachteile. Tatsächlich scheinen die Vorteile zu überwiegen. Sofern sich alle Beschäftigten beteiligen, also auch die Vorgesetzten, werden die beschriebenen Vorteile einen anderen Austausch untereinander ergeben als vor mehreren Jahren denkbar.

Ein kleiner, oder vielleicht doch größerer Nebeneffekt: Die Mitarbeiter werden mündiger, sind mehr in die Geschäftsabläufe gebunden, fühlen sich dadurch wertgeschätzter und das gegenseitige Vertrauen wächst.

Teil 3 – Zusammenarbeit mit dem Y-er

Der Y-er im Unternehmen des X-ers

Neu im Job

Die jetzige Generation entdeckt immer, was die alte schon vergessen hat.
Johann Wolfgang von Goethe, dt. Schriftsteller
(1749 - 1832)

Was ändert sich bei den Y-ern?

Klar, dass sich ständig etwas verändert. Also dem jeweils aktuellen Trend folgen? Vielleicht ist das leichter gesagt als getan.

Es gehört für einen etablierten Manager schon kritische Reflexion zu seinem eigenen beruflichen Verhaltensmuster dazu, sich Gedanken darüber zu machen, wie die Zusammenarbeit mit den Bewerbern der Generation Y optimiert werden kann.

Dabei gilt dann auch: Nicht warten, bis der andere mit einem Vorschlag kommt, sondern selbst Vorschläge zu unterbreiten. Es gehört zu einem wichtigen Teil der Arbeit einer Managerin oder eines Managers, sich in diesem gedanklichen Umfeld hervorzutun.

Wer es nicht macht, riskiert, dass sich die Nachwachsenden anderen Unternehmen zuwenden, die mehr Wert auf die Bedürfnisse der jüngeren Generation legen.

Stellenausschreibung online

In Seminaren höre ich immer wieder die Frage von Führungskräften, wie sie an geeignete Bewerber kommen. Viele klagen, dass sich auf klassische Stellenausschreibungen kaum Kandidaten melden und die wenigen, die sich dem Bewerbungsgespräch stellen, bringen häufig die gewünschten Qualifikationen nicht mit.

Gibt es tatsächlich keinen Nachwuchs mehr?

Doch, selbstverständlich gibt es Nachwuchs. Möglicherweise ist die Auswahl nicht mehr so groß wie vor wenigen Jahren.

Krieg um die Besten?

Immer wieder behaupten Menschen, dass es in wenigen Jahren ‚einen Kampf um die Besten' (War of Talents) geben wird, oder dass dieser schon lange begonnen hat. Mit den Besten sind die qualifizierten Nachwuchskräfte der Generation Y (und später der Generation Z) gemeint.

Geeigneter Nachwuchs

Um geeigneten Nachwuchs zu erhalten, bleibt dem Unternehmer gar nichts anderes übrig, sich mit dem Typen der Generation Y zu beschäftigen.

Er muss ihn im Vorfeld analysieren um zu wissen, wie seine Lebenseinstellung ist. Wie lässt sich die Einstellung mit der Arbeitsstelle kombinieren?

Hoher Anspruch versus mittelmäßiger Leistung

Der Anspruch der Generation Y ist sehr hoch, genauso wie die Erwartungshaltung. Die Y-er wissen genau, was sie wollen und demnach auch genau, was sie nicht wollen.

Auf der einen Seite suchen sie einen sicheren Arbeitsplatz, der gerne auch international ausgerichtet sein darf. Sprachhemmnisse gibt es wenig; die räumliche Flexibilität ist sowieso gegeben.

In ihren Augen wird selbstverständlich eine sehr gute Bezahlung erwartet. Dieses gute Gehalt beginnt nicht erst nach der Probezeit. Das Einstiegsgehalt muss bereits gut sein.

Die Karriere im Unternehmen steht nicht unbedingt im Vordergrund, wohl aber die Möglichkeit der beruflichen Weiterbildung. Die Generation Y ist selbstbewusst genug zu wissen, dass es ständige Änderungen und Neuerungen in der Techno-logie und im Arbeitsumfeld gibt. Sie ist bereit, sich immer wie-der mit Neuerungen auseinanderzusetzen, sie zu erlernen und anschließend zu nutzen.

Sie will immer auf dem aktuellsten Stand bleiben. Ob das neu gesammelte Wissen im aktuellen Unternehmen eingesetzt wird oder an anderer Stelle, ist ihr in diesem Augenblick – zum Leidwesen des Unternehmers – relativ egal.

Bei diesen Erwartungshaltungen und dem überzeugten, selbstbewussten Auftreten, wird irrtümlicherweise eine hohe professionelle Arbeitsleistung erwartet. Überraschenderweise und bedauerlicherweise werden diese Erwartungen des Ar-beitgebers häufig nicht erfüllt. Die gezeigte Leistung hingegen darf nämlich häufig als Mittelwert bezeichnet werden. Liegt es an der Ausbildung oder am Studium? Oder haben die jungen Leute einfach eine andere Schulausbildung als früherer ge-nossen?

Y steht im Mittelpunkt

Weshalb ist der eigene Anspruch so hoch?

Die meisten der Generation Y standen von Geburt an im Mit-telpunkt. Ihnen wurde alles ermöglicht – sie kennen kaum ein Nein. Das Elternhaus erfüllte möglichst jeden Wunsch, der vom Nachwuchs geäußert wurde. Das Kind wird nach außen geschützt, soweit es möglich ist.

Keine Berührung mit Risiken

Lassen Sie es uns einmal etwas überspitzt betrachten und be-schreiben: Gerne belächelt werden die sogenannten Helikop-ter-Eltern, die voller Sorge ständig um ihre Kinder ‚umher-schwirren‘.

Die Kinder werden mit PS-starken Fahrzeugen zur Schule gebracht und wenn es geht, auch wieder von dort abgeholt.

Falls die schulische Leistung nicht so toll ist, wird der Grund zuerst bei der Lehrerin oder bei dem Lehrer gesucht.

Ist die Lehrkraft uneinsichtig und weigert sich, die Note zu verbessern, ist der Weg zum Anwalt nicht weit.

Der Nachwuchs kann sich also sicher sein, dass die Eltern seine Interessen auf ‚Teufel komm raus' umsetzen werden.

Die Realität ist voller Gefahren

Bei aller gut gemeinten Absicht der lieben Eltern, verlernt der eine oder andere Jugendliche, dass die ungeschützte Realität später Kanten und Ecken hat, an denen sich verletzt werden kann.

Plötzlich gibt es doch ein ‚Nein', dem sich der junge Mensch stellen muss.

Aufgrund der fehlenden Praxis zur Problemlösung als Jugendlicher, wird er dann mit einer Situation konfrontiert, die für ihn neu ist.

So ist es nicht verwunderlich, dass es speziell beim Berufseinstieg immer wieder zu Reibereien kommt. Es dauert eine Weile, bis der junge Mitarbeiter gelernt hat, dass auch andere Menschen Prioritäten setzen wollen, die dem eigenen Gedankengut gegebenenfalls entgegenstehen.

Die Führungskraft muss umdenken

Automatisch wird der zukünftige Arbeitgeber in dieses Dilemma hineingezogen. Bei entsprechendem Bewusstsein dieser Konstellation kann er dafür sorgen, dass entstehende Konflikte möglichst im überschaubaren Rahmen bleiben und schnell bearbeitet werden können.

Arbeitgeber genießen nicht nur aus diesem Grund einen Wettbewerbsvorteil, wenn sie deutlich auf die Bedürfnisse der Generation Y eingehen.

Es ist sinnlos, sollte die Führungskraft annehmen, „dass der Y-er sich ja auch anders verhalten könnte".

Er kann es zwar annehmen, es wird aber an den möglichen Herausforderungen nichts ändern. Und zwar ganz einfach deshalb, weil der Y-er so ist wie er ist, und sich kaum in die Gedankenwelt des älteren Chefs hineinversetzen kann.

Der Bewerber sucht den Arbeitgeber aus

Der Bewerber sucht den Arbeitgeber aus? Muss es nicht heißen: Der Arbeitgeber sucht den Bewerber aus? Das mag in einigen Fällen so sein, in vielen ist es schon lange nicht mehr so.

Der mündige und selbstbewusste junge Mensch der Generation Y hat ziemlich konkrete Vorstellungen seines zukünftigen Arbeitsplatzes. Er weiß, dass er einige Jahre seines Lebens dort verbringen wird. Und an dieser Arbeitsstelle soll es ihm an nichts mangeln.

Speziell seine Bedürfnisse als junger Berufseinsteiger der neuen Generation hat er keine Lust, ausschließlich so zu arbeiten, wie der Arbeitgeber es vorgibt. Er erwartet seinen Freiraum und vor allem die Möglichkeit, die Work-Life-Balance einhalten zu können.

Was hat das Unternehmen zu bieten?

Deshalb springt er überhaupt nicht mehr auf Inserate in der Art an, die ihm vorgeben, was von ihm <u>erwartet</u> wird. Er will wissen, was ihm <u>geboten</u> wird.

Dabei legt er keinen Wert auf allgemeine Floskeln wie ‚gutes Betriebsklima, engagiertes Team' und so weiter. Das setzt er sowieso voraus.

Er möchte in kurzer Darstellung wissen, welche arbeitstechnischen Wege ihm geboten werden, welches soziale Angebot für ihn zur Verfügung steht, wo und wie er sich in seinem Arbeitsumfeld entfalten kann.

Das bedeutet, dass der Arbeitgeber um 180 Grad umdenken muss. High-Potentials suchen sich für ein Kontaktgespräch das Unternehmen aus, das ihnen bereits im ersten Eindruck zusagt.

Der Arbeitgeber tut gut daran zu durchdenken, was er seinem potentiellen Arbeitnehmer neben der reinen Arbeit anbieten kann.

Im ansprechenden Fall wird sich der Kandidat oder die Kandidatin für ihn entscheiden.

Im folgenden Bewerbungsgespräch entscheiden selbstverständlich nach wie vor beide Seiten, ob ein Arbeitsverhältnis zustande kommen soll.

Zuhören können

Jüngere Kandidaten bemängeln immer wieder, dass der Interviewer viel zu viel redet und vom eigenen Unternehmen oder gar der eigenen Laufbahn berichtet. Das mag zwar grundsätzlich interessant sein, interessiert in der Regel den Bewerber aber nicht.

Mehr gefällt es dem Bewerber, wenn er als vollwertiger Arbeitnehmer geschätzt und entsprechend auch mit ihm umgegangen wird. Die Wertschätzung gilt selbstverständlich in beide Richtungen. Der Bewerber sollte sich trotz seines Selbstbewusstseins weder arrogant noch hochnäsig zeigen – sonst bleibt er trotz aller möglichen Fachkenntnis außen vor.

Übrigens: Bei Erstellung des Textes zur aktuellen Auflage fand in einer Umfrage weniger als die Hälfte der Befragten gut, in Anzeigen geduzt zu werden.

25 Jahre Unterschied

Die Quelle Praxis + Recht 1/18 publiziert, dass aktuelle Führungskräfte etwas über 50 Jahre alt sind. Etwa ein Viertel der befragten Chefs war immerhin älter als 60 Jahre.

Der Berufseinsteiger mag Anfang 20, vielleicht 25 Jahre alt sein. Zwischen den beiden liegen Jahrzehnte.

Es sollte für jeden nachvollziehbar sein, dass Chef wie Mitarbeiter komplett anders aufgewachsen sind, andere Erfahrungen haben und einen anderen Lebensstil pflegen.

Natürlich ist nicht jeder Vorgesetzte doppelt so alt oder älter als der Kandidat. Vielleicht ist der Vorgesetzte 30, möglicherweise 35 Jahre alt. Also nur eine überschaubare Zeitspanne Unterschied zwischen den beiden Beteiligten. Trotzdem ein Unterschied. Diese zeitliche Verschiedenheit lässt sich kaum vermeiden. Das bedeutet, dass mit dem Unterschied überlegt umgegangen werden muss.

Auch die Führungskraft ist nicht allwissend

Je jünger der Berufseinsteiger ist, desto eher wird er anfangs seiner Berufslaufbahn davon ausgehen, dass sein Chef alles weiß. Der Chef, wie sehr wahrscheinlich jeder Mitarbeiter, lernt täglich dazu. Er weiß das auch.

So ist es klar, dass auch eine Führungskraft an ihre Grenzen stößt. Bekanntlich steigen Intelligenz und Führungsstärke nicht automatisch mit dem Erklimmen einer höheren hierarchischen Position.

Um charakterlich zu reifen und Erfahrungen zu sammeln, braucht es zwangsläufig Zeit.

Spürt die Führungskraft ein Defizit ihrer eigenen Führungsstärke, sollte sie sich schleunigst an den eigenen Vorgesetzten wenden, um von dort Unterstützung zu erhalten.

Ist aufgrund mangelnden Führungsverhaltens ein Mitarbeiter ‚verbrannt', ist es fast unmöglich, diesen wieder als volle, engagierte und motivierte Person aufzubauen.

Gerade jüngere Führungskräfte sollten deshalb gut aufpassen, nicht selbstherrlich oder arrogant aufzutreten.

Die Jüngeren entlarven dieses Verhalten schnell als fehlendes Selbstbewusstsein oder als fehlende Berufspraxis. Eine explosive Konstellation.

Trotz alles Selbstverantwortung: Der Y-er braucht Führung

Der Y-er sieht sich nicht als Befehlsempfänger. Auf der einen Seite will er selbstverantwortlich arbeiten, erwartet aber deutlich eine Führungskraft, die ihn jederzeit unterstützt, ihn fördert, nach außen schützt und andererseits auch fordert.

Vorgesetzte die annehmen, dass sich der Neue selbst organisieren wird, liegen in ihrer Erwartungshaltung sehr wahrscheinlich daneben.

Das Bild der starken Y-er nach außen ist zwar gegeben, trotzdem fällt es diesem schwer – trotz aller berechtigten Eigenverantwortung –, sich von Anfang an optimal selbst zu organisieren und Verantwortung zu übernehmen. Er will das zwar, hat aber noch nicht die genügende Reife, um das optimal umzusetzen.

Ausbaufähige Kommunikation

Noch eine weitere Überlegung ist anzustellen. Wie sieht es mit der Kommunikation aus? Darauf, dass Alt und Jung anders kommunizieren, muss nicht weiter eingegangen werden. Das ist bekannt.

Daraus folgt, dass kommunikative Missverständnisse fast vorprogrammiert sind.

Viele Menschen tun sich sowieso schon schwer damit, immer genau das zu formulieren, was sie empfinden oder von anderen erwarten.

Statt zum Punkt zu kommen, wird drumherum geredet.

Manchmal greift nämlich die Befürchtung, jemanden durch eine zu deutliche Aussage zu verletzen oder zu kompromittieren. Wer fühlt sich wohl, wenn sein eigenes Ansehen geschädigt wird? Wer will schon gerne das Gefühl haben, bloßgestellt zu werden? Y-er, die es nie gelernt haben, konstruktives Feedback auszutauschen, zeigen hier erhebliche Defizite.

Konstruktives Feedback

Wieder ist es Sache des Vorgesetzten, eine gepflegte Feedback-Kultur zu praktizieren. Von Anfang an. Wo immer es zu kommunikativem Austausch kommt, muss zeitnah, wenn möglich sofort, Klärung geschaffen werden. Der neue Mitarbeiter wird blitzschnell lernen, dass ihm dieses, manchmal auch unangenehm wirkende Feedback hilft.

Faire Vorgesetzte schaffen es, dass Feedback in beiden Richtungen gegeben werden kann.

Lassen sich beide auf diese Art der Kommunikation ein, wird es immer weniger Missverständnisse geben oder sie lassen sich schneller aus dem Wege räumen. Diese Vorgehensweise verlangt Stärke beider Beteiligten. Auch hier ist der Vorgesetzte gefragt, den Weg zu ebnen.

Die Führungskraft muss handeln

In den oben aufgeführten Abschnitten wurde an verschiedenen Stellen bereits darauf hingewiesen, dass der Vorgesetzte aktiv werden muss.

Gehören Sie zu der Gruppe der Vorgesetzten? Am besten machen Sie sich Gedanken darüber, wie Sie sich eine Zusammenarbeit mit einem Y-er vorstellen. Bereiten Sie alles vor, was in Ihrer Macht liegt.

Respekt

Die Empfehlung hierzu lautet: Respektieren Sie den Jungen in seiner Art und in seinem Verhalten. Überlegen Sie, welche Vorteile und Stärken der Jüngere mitbringen könnte.

Stellen Sie sich darauf ein, dass Sie manchmal enttäuscht werden. Nehmen Sie die Enttäuschung möglichst nicht persönlich. Es ist sehr einfach, solch einen Satz zu schreiben. Wird die Enttäuschung tatsächlich empfunden, löst sie andere Gefühle in Ihnen aus.

Lassen Sie sich nicht dazu hinreißen, negative Gefühle dem Neuen Gegenüber zu entwickeln. Reden Sie lieber mit ihm und klären Sie, wie sich solch eine Enttäuschung in Zukunft vermeiden lässt.

Diese Vorgehensweise, wie auch andere, oben beschriebene, ist sicher nicht einfach. Sie verlangt persönliche Disziplin, Stärke und den Willen einer guten Zusammenarbeit.

Vorbild und gleiche Augenhöhe

Von der Führungskraft wird eine Vorbildfunktion erwartet. Sie ist aufrichtig, wertschätzend, inspirierend, unterstützend und ‚steht hinter' dem Mitarbeiter.

Gehen Sie nicht von ‚oben' herab auf den Jüngeren zu. Begegnen Sie sich sozusagen auf gleicher Ebene. Setzen Sie sich zusammen an einen Tisch.

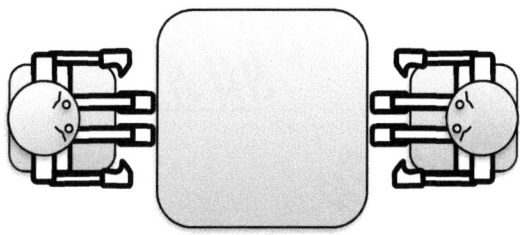

Nun sitzen Sie sich gegenüber. Gegen – über, sozusagen frontal. Im Wort frontal steckt die Front – und die wiederum zeigt, dass zwei Gegner aufeinandertreffen. Sie wollen hingegen zusammen zu einem <u>gemeinsamen</u> Ergebnis kommen. Sie arbeiten nicht gegeneinander, sondern miteinander.

Verändern Sie entsprechend die Sitzposition.

Das ist relativ leicht hinzubekommen, beispielsweise dann, wenn Sie ‚über Eck' mit Ihrem Gesprächspartner an einem Tisch im Besprechungszimmer Platz nehmen.

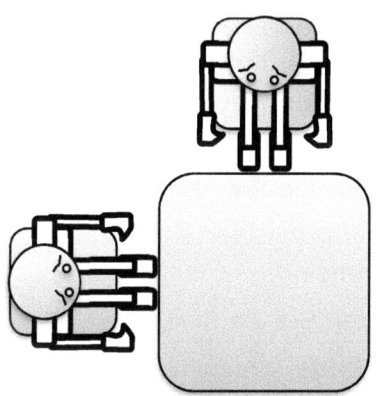

Und noch besser, da der gegenseitige Augenkontakt einfacher wird:

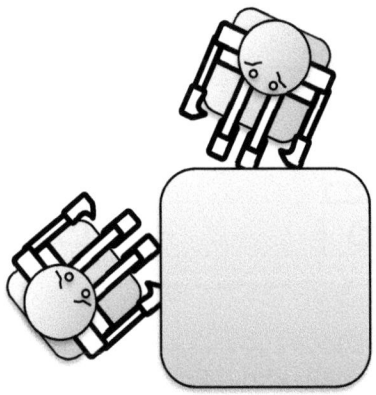

Ständige und interessierte, offene Kommunikation

Gespräche, in denen ausschließlich Informationen oder Anweisungen erfolgen, sind kaum als vernünftige Dialoge zu bezeichnen.

Im Dialog zeigt jeder der (beiden) Gesprächspartner einen ungefähr gleich großen Redeanteil, in dem neben Aussagen viele Fragen zu finden sind.

Einerseits sind die Fragen nach fachlichem und organisatorischem Vorgehen wichtig. Auf der anderen Seite stehen die oft vernachlässigten Fragen, die auf das zwischenmenschliche Verhalten deuten. Beispiele:

- „Wie ist Ihre Meinung dazu?"
- „Welche Erfahrungswerte konnten Sie diesbezüglich bereits sammeln?"
- „Wie schätzen Sie die Risiken ein?"
- „Welche Schritte schlagen Sie vor?"
- „Wobei benötigen Sie Unterstützung?"

- „Was erscheint Ihnen besonders wichtig/ausschlaggebend?"

- „Weshalb scheint Ihnen Option A erfolgversprechender als Option B?"

Sobald Sie Fragen dieser Art stellen, sollte Ihr Interesse an der Antwort auch wirklich bestehen. Versuchen Sie die aufrichtige Meinung Ihres Gesprächspartners herauszufinden. Sollte etwas – Ihrer Meinung nach – zu schwammig, unklar oder ausweichend beantwortet werden, haken Sie nach.

Dabei sollten Sie nicht in einen inquisitorischen Ton verfallen. Ihr Gegenüber wird ganz schnell merken, ob Sie ein echtes Interesse am Austausch haben.

Ermuntern Sie Ihren Dialogpartner, auch Ihnen Fragen zu stellen und Ungeklärtes zu verstehen.

Der geschickte Gesprächspartner wird vom Du und Ich zum Wir übergehen. Dadurch wird eine Gemeinsamkeit ausgedrückt, eine Verbundenheit.

- „Wie sollten wir nun vorgehen?"

- „Welchen Schritt sollten wir als ersten in Angriff nehmen?"

- „Wofür sollten wir uns entscheiden?

Die hergestellte Gemeinsamkeit wird beiden helfen, miteinander das zu erreichen, was gewünscht ist.

Ziele setzen

Setzen Sie Ziele! Klären Sie, ob dem anderen eindeutig klar ist, welche Leistung Sie von ihm bis zu einem bestimmten Zeitpunkt erwarten.

Es ist nicht nötig, ständige Kontrolle auszuüben, aber Zwischenkontrollen und/oder Stichproben helfen Ihnen, den Überblick zu behalten.

Gleichzeitig geben Sie dem Mitarbeiter die Möglichkeit der Korrektur, wenn er sich in eine ungewünschte Richtung bewegt.

Zum festgesetzten Zeitpunkt lassen Sie sich das Ergebnis vorlegen. Lassen Sie sich erklären, welche Ideen hinter dem Ergebnis stecken, sofern sie nicht sowieso klar sind. Tauschen Sie sich über das Ergebnis aus.

Klare Äußerungen

Sollten Sie mit dem einen oder anderen Vorschlag nicht einverstanden sein, äußern Sie das bitte deutlich mit Erklärungen. Aussagen wie: „Das habe ich mir anders vorgestellt" helfen nicht weiter.

Je klarer Ihre Anweisung, desto sauberer die Rückmeldung.

Gehen Sie bei der Zusammenarbeit mit dem Y-er davon aus, dass viel papierlos – also online – bearbeitet wird. Wünschen Sie nachvollziehbare greifbare Ausdrucke, äußern Sie das deutlich.

Zeit ist kostbar

Bekannterweise ist Zeit kostbar. Alles muss schnell und noch schneller gehen. Einer hetzt von einem Ort zum anderen, von einem Projekt zum nächsten.

Dass sich hierdurch verschiedene Fehlerquelle auftun, wurde bereits weiter oben vermerkt. Vorschlag: Gehen Sie anders vor! Nehmen Sie sich speziell anfangs deutlich Zeit für Ihren neuen Mitarbeiter.

Investieren Sie Ihre wertvolle Zeit in den Austausch, um sich von Anfang an besser verstehen zu können und um Klarheit in Wünschen und Erwartungen zu erhalten.

Alles Unsichere kann bei entsprechenden zeitlichen Investments ausgeräumt werden.

Vertrauen aufbauen

Die folgenden Arbeitsabläufe können in der Regel sauberer, schneller und damit effektiver ausgeführt werden. Das Risiko, dass Ergebnisse komplett überarbeitet werden müssen, sinkt deutlich.

Unabhängig davon empfinden es die meisten Menschen als sehr angenehm und wertvoll, wenn sie spüren, dass sich ihr Gegenüber Zeit nimmt.

Bei entsprechendem Verhalten wird Ihr Mitarbeiter Vertrauen und Respekt aufbauen. Er wird auch Sie wertschätzen und Sie unterstützen, wo es in seiner Macht steht.

Flexible Arbeitszeitmodelle – New Work

Der Normalarbeitstag von 8:00 Uhr morgens bis 16:00 Uhr nachmittags ist überholt. Der Y-er lebt rund um die Uhr.

Deshalb gibt es neue Modelle, die ‚New Work‘ oder ‚Arbeiten 4.0‘ genannt werden.

Neben der flexiblen Arbeitszeit fallen hier Begriffe wie

- Gleitzeit (Kernarbeitszeit und frei wählbare Gleitzeitspanne),
- Funktionszeit (ähnlich der Gleitzeit, wobei aber keine Kernarbeitszeit festgelegt wird. Die Mitarbeiter müssen garantieren, dass in ihrem Arbeitsbereich immer alles einwandfrei ‚funktioniert‘),

- Wahlarbeitszeit (der Arbeitgeber ermittelt, zum Beispiel aufgrund von saisonal abhängiger Nachfrage oder unterschiedlichem Wochentag so genannte Zeitblöcke und legt fest, wie viele Mitarbeiter eingesetzt sein sollen. Die Mitarbeiter untereinander entscheiden selbst, wer wann arbeitet),

- Sabbaticals (eine mehrmonatige Auszeit vom Job), aber auch das

- Jobsharing, bei dem sich zwei oder mehr Angestellte einen gemeinsamen Arbeitsplatz teilen.

- Teilzeit an verschiedenen Tagen und zu unterschiedlichen Uhrzeiten sind keine Seltenheit.

Durch diese kleine Auflistung soll gezeigt werden, dass es eine Menge Möglichkeiten gibt, Mitarbeiter je nach Bedarf des Unternehmens und nach Vorliebe der Beschäftigten einzusetzen.

Bezahlung nach Zeit oder nach Projekt

Kombiniert mit der Idee der flexiblen Arbeitszeit bezahlen manche Arbeitgeber beispielsweise geleistete Projekte bei Abgabe.

Sie bezahlen also nicht nach benötigte Zeit, sondern nach geliefertem Ergebnis.

Damit sind die Kosten noch besser kalkulierbar und dem Mitarbeiter ist freigestellt, wann er wie viel Zeit für die Aufgabe investiert.

Selbstverständlich ist diese Art der Bezahlung bei klassischen Festangestellten eher unüblich. Trotzdem lohnt sich möglicherweise ein Gedanken in dieser Richtung.

Zeitfresser – Zeitdiebe

„Wenn man zwei Stunden lang mit einem Mädchen zusammensitzt, meint man, es wäre eine Minute. Sitzt man jedoch eine Minute auf einem heißen Ofen, meint man, es wären zwei Stunden. Das ist Relativität." (Albert Einstein, Deutscher Physiker und Nobelpreisträger, 1879 – 1955).

Dass Zeit unterschiedlich empfunden wird, wissen wir. Dass viele über Zeitmangel klagen, ist bekannt. Da Zeit sehr wertvoll ist, ist die Überlegung, wie ‚Zeit gespart werden kann‘, naheliegend.

Egal wie gut Arbeitsabläufe organisiert sind, gibt es immer wieder Zeitfresser, die dem X-er wie auch dem Y-er die sowieso schon knappe Zeit stehlen.

Zeitdiebe schlagen heimlich zu

Was sind Zeitfresser? Schwierig zu fassen, da sie unsichtbar sind. <u>Was</u> sie tun, ist hingegen klar. Sie fressen Ihre Zeit – einfach so. Manchmal schleichend, manchmal schlagartig.

Jeder Zeitfresser nimmt etwas von der Ihnen zur Verfügung stehenden Zeit. Nicht immer lässt sich sofort erkennen, dass es sich um einen aktiven Zeitfresser handelt.

Manchmal sind es nur Sekunden, manchmal Minuten, manchmal auch Stunden, die Sie verlieren, ohne dass Sie es merken. Jede ungewünschte Werbemail frisst einen Augenblick Ihrer Zeit. Jede ungewünschte Werbemail, die Sie lesen, kostet einige Sekunden. Rechnen Sie das mal aus.

Zeitdiebe einfangen

Jeden Tag eine Handvoll ungewollter Mails, 5 Tage in der Woche, 23 Tage im Monate. Wie viele Sekunden, jetzt Minuten, das ergibt. Jeder umständliche Weg vom Rechner über den

Drucker zum Ordner – abheften – und zurück, frisst Zeit. Vielleicht erst einige Ausdrucke sammeln, dann lochen, dann abheften.

Sie arbeiten fast papierlos? Na wunderbar! Dann sparen Sie sich hier schon die tatsächliche Zeit der zu Fuß zurückzulegenden Meter.

Allerdings kostet auch das Ablegen in Computer-Ordnern Zeit. Vor allem das Auffinden stellt manchen vor zeitliche und nervliche Herausforderungen. „Unter welchem Dateinamen war das noch mal abgelegt?" „Verflixt, wo ist die Datei gespeichert?" Also: Dateien mit nachvollziehbaren Namen speichern und dort ablegen, wo sie ‚logisch' hingehören. Dann werden sie auch schnell wiedergefunden.

Eine Minute gespart jeden Tag, jedes Jahr. Hier addieren sich schnell ein paar Stunden. Wo lauern Ihre Zeitfresser? Überlegen Sie und schreiben Sie sie auf. Denken Sie daran, Sekunden summieren sich zu Stunden, Stunden zu Tagen.

Guten Erfolg beim Auffinden und Beseitigen der Zeitfresser!

Umgang mit Zeitdieben

Nun haben Sie die Zeitdiebe, die Zeit-Catcher gefunden. Wie vermeiden Sie den Kontakt mit diesen?

1. Organisieren Sie sich! Räumen Sie Ihren Arbeitsplatz auf, bevor Sie mit einer neuen Aktion beginnen. Schauen Sie, dass keine Ablagestapel entstehen, in denen Sie mühsam Unterlagen suchen müssen. Auf einem aufgeräumten Arbeitsplatz vermeiden Sie das Hin- und Herschieben nicht benötigter Unterlagen. Und Sie vermeiden, dass bei dieser Tätigkeit eine Unterlage zwischen andere rutscht, wo sie dann wieder mühsam gefunden werden muss.

2. Gehen Sie locker mit den Zeitdieben um. Lachen Sie über sie. Lassen Sie sich nicht von ihnen fesseln, beziehungsweise lassen Sie sich nicht Ihre Zeit von ihnen stehlen. Bevor Sie aktiv werden, holen Sie tief Luft. Wenn Sie es schaffen, nicht sofort zu reagieren, haben Sie oft die Oberhand. Dann entscheiden nämlich Sie selbst, ob und wie Sie aktiv werden.

3. Vermeiden Sie ablenkende Tätigkeiten. Lassen Sie das Smartphone läuten, schauen Sie nicht sofort auf die eben eingetroffene Nachricht. Und vor allem, reagieren Sie nicht sofort darauf. Sonst werden Sie aus dem Arbeitsprozess, in dem Sie sich gerade befinden, gedanklich herausgerissen. Anschließend müssen Sie sich dort wieder einfinden. Das kostet Energie und Zeit.

4. Suchen Sie sich ein ungestörtes Arbeitsumfeld. Wenn Sie merken, dass Sie immer wieder abgelenkt werden, weil Sie aus dem Fenster schauen, dann setzten Sie sich mit dem Rücken zum Fenster.

5. Seien Sie pünktlich und erwarten das auch von anderen. Kommt einer von 10 Teilnehmern zu einem Meeting 5 Minuten später, stiehlt er den 9 Anwesenden jeweils 5 Minuten. Das macht bereits 45 Minuten, also eine Dreiviertelstunde aus. Denken Sie dabei an den Spruch: Zeit ist Geld.

Tolle Teamarbeit oder doch eher effiziente Einzelkämpfermentalität?

Obwohl allenthalben Teamarbeit propagiert und hochgelobt wird, neigt nicht jeder Beschäftigte dazu, optimal in einem Team arbeiten zu können. Die Y-er dürften gemeinhin sowieso weniger als Team-Player bezeichnet werden, wobei sie sich dann in der echten Teamarbeit gegebenenfalls noch schwerer tun.

Sobald zwei oder mehr Menschen zusammen sind, bilden sie eine Gruppe. Zum Beispiel eine Gruppe von Menschen, die eher zufällig dieselbe U-Bahn von A nach B benutzen. Sie haben zwar dasselbe Ziel (Station B), arbeiten selbst aber weder aktiv an der Erreichung des Ziels, noch arbeiten sie aktiv mit den anderen Fahrgästen zusammen. Obwohl also das Ziel dasselbe ist, handelt es sich hier nur um eine Gruppe Menschen, nicht um ein Team.

In der Teamarbeit werden (anlehnend an Krüger/Ueberschaer) folgende Verhaltensmuster erwartet:

Optimale Teamarbeit

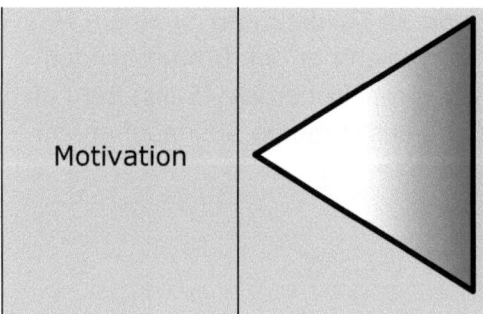

| Motivation | Die Motivation kommt von innen. „Wir wollen." Die intrinsische Motivation ist stark. Sie feuert den Einzelnen an, was sich positiv auf andere überträgt. |

Priorität		Die Zugehörigkeit ist sehr wichtig. „Wir sind wichtig." Ruft die Pflicht, wird alles stehen und liegen gelassen und sich sofort an die Teamarbeit begeben. Eigene Bedürfnisse stehen deswegen manchmal zurück.
Organisation		Die Organisation ist verbindlich. „Wir erledigen." Jeder Teamer (Kunstwort für eine im Team arbeitende Person) weiß genau, wer wofür im Team verantwortlich ist und wer woran arbeitet.
Ziele		Dieselben Ziele werden verfolgt. „Wir werden erreichen." Das zu erreichende Ziel wird von allen Teamern gemeinsam festgelegt und stringent verfolgt.

Kommunikation		Die Teamer geben sich offen Feedback. „Ich kommuniziere ständig." Die Kommunikation untereinander ist ausgesprochen wichtig. Damit jeder weiß, was der andere tut, wird unermüdlich miteinander kommuniziert. Es wird von einem zum nächsten Team-Meeting gerannt.
Konkurrenz		Konkurrenz nach außen. „Wir stehen zusammen." Selbst wenn es intern zu Reibereien kommt und aufgrund der unterschiedlichen Stärken der Einzelnen kommen muss, steht das Team bei einem vermuteten ‚Angriff' von außen geschlossen wie eine Eins.

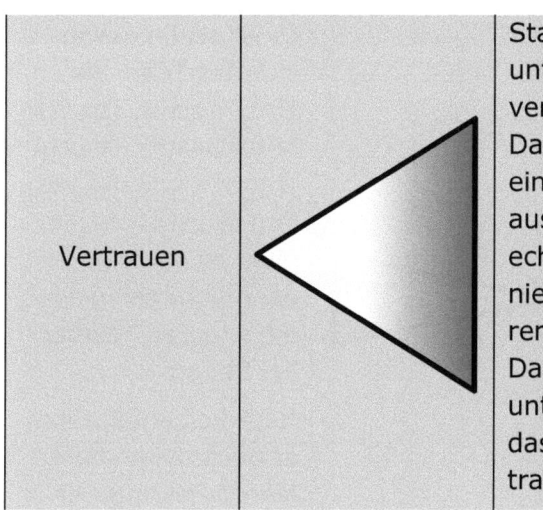

| Vertrauen | Starkes Vertrauen untereinander. „Wir vertrauen einander." Das Vertrauen untereinander ist stark ausgeprägt. In einem echten Team fällt niemand dem anderen in den Rücken. Das offene Verhalten untereinander stärkt das gegenseitige Vertrauen. |

Soweit, so gut. Ist der klassische Y-er ein optimaler Team-Player?

Betrachten wir die sieben Merkmale in dieser Hinsicht.

Der Y-er und die Teamarbeit

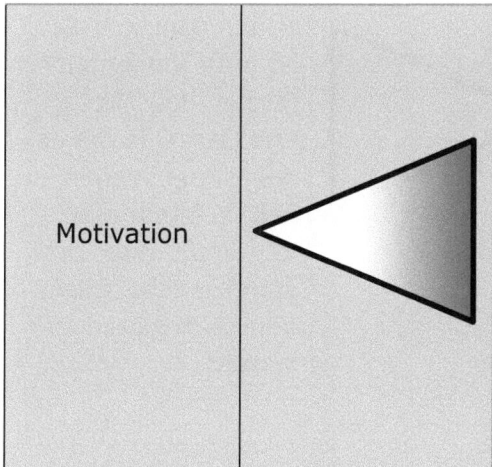

| Motivation | Der Y-er ist stark innerlich motiviert. Er will sein Leben so gestalten, wie es ihm am besten passt.

Solange ihm die Arbeit Vorteile bringt, ist es für ihn in Ordnung. Ansonsten hat er den Eindruck selbst zu wissen, was er tun kann. |

Priorität		Es ist schön, wenn sich das Team als Einheit zieht. Die Priorität beim Y-er liegt jedoch eindeutig bei ihm selbst. Was ihm dient ist wichtig – dann kommen gerne die anderen Teamer bei Bedarf.

Natürlich unterstützt er auch die anderen. Manchmal muss er um Unterstützung gebeten werden. |
| Organisation | | Der Y-er kennt seinen eigenen Arbeitsbereich sehr gut. Im Idealfall ist er bestens organisiert. Es ist nicht immer leicht für ihn, das ‚Große und Ganze' in die gemeinsame Teamarbeit zu integrieren. Er kämpft unter Umständen lieber allein, ohne sich stören zu lassen. |

Ziele		Der Y-er will sehr gutes Geld verdienen, an einem vernünftigen Arbeitsplatz mit passenden Bedingungen, auch zeitlicher Art, arbeiten.
		Selbstverständlich hat er das große Oberziel im Blick. Sollte er von heute auf morgen in einen anderen Bereich versetzt werden, ist das auch in Ordnung. Sein Herzblut klebt nicht am Ziel des Teams.
Kommunikation		Die Kommunikation mit allen möglichen Leuten findet online sowieso dauernd statt.

Konkurrenz	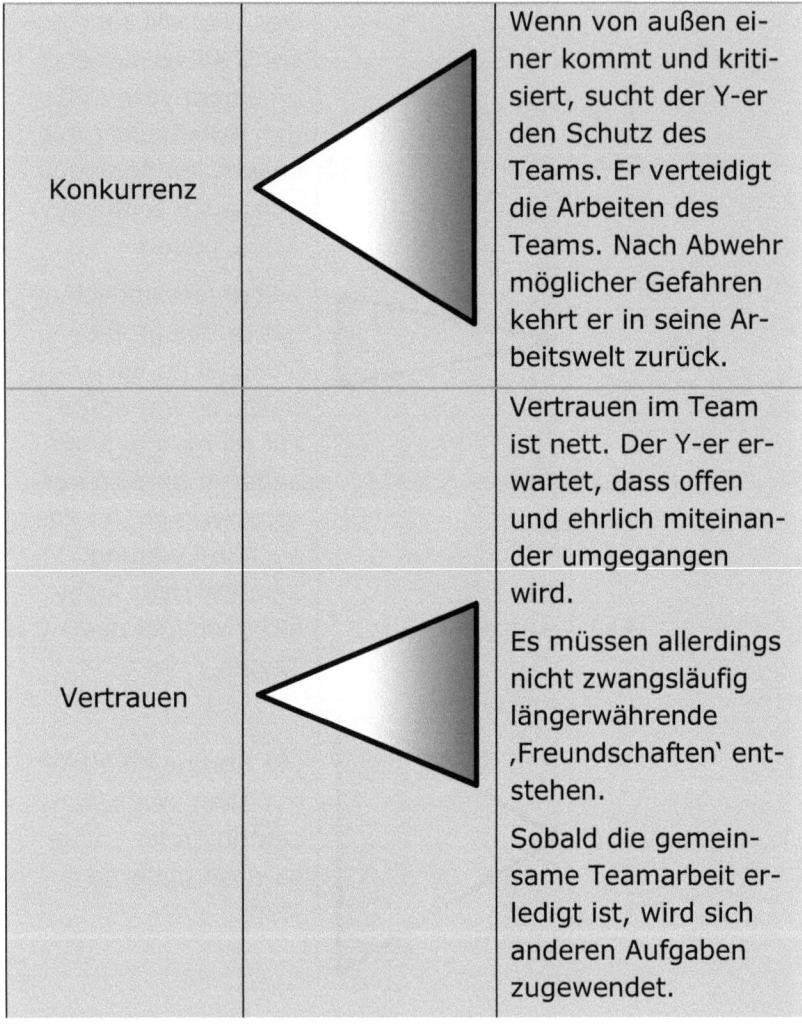	Wenn von außen einer kommt und kritisiert, sucht der Y-er den Schutz des Teams. Er verteidigt die Arbeiten des Teams. Nach Abwehr möglicher Gefahren kehrt er in seine Arbeitswelt zurück.
Vertrauen		Vertrauen im Team ist nett. Der Y-er erwartet, dass offen und ehrlich miteinander umgegangen wird. Es müssen allerdings nicht zwangsläufig längerwährende ‚Freundschaften' entstehen. Sobald die gemeinsame Teamarbeit erledigt ist, wird sich anderen Aufgaben zugewendet.

Möglicherweise klingen manche Beschreibungen arg negativ. So soll es allerdings nicht sein.

Jeder Mensch ist gleich viel Wert – das gilt für den X-er genauso wie für den Y-er. Selbstverständlich gibt es bei den Y-ern auch ausgesprochen gute Team-Player.

Wer die Zusammenarbeit junger Mitarbeiter beobachtet, wird bei vielen jedoch die oben beschriebenen Muster erkennen. Wahrscheinlich werden diese bei der nachfolgenden Generation Z verstärkt gelebt werden.

Fazit: So positiv Teamarbeit gesehen wird – und wenn sie richtig umgesetzt wird, auch großen Erfolg bringt – lässt sich ein Einzelkämpfer nicht in ein optimales Teamgeschehen einbinden. So sollte der Vorgesetzte überlegen, wo die Teamarbeit wirklich erforderlich ist und wo darauf verzichtet werden kann. Nicht immer und schon gar nicht zwangsläufig muss Teamarbeit automatisch zum Besten führen.

Lieber X-er, betrachten Sie die Stärken Ihres neuen Mitarbeiters ganz genau und wägen Sie ab, wo er Ihnen die besten Leistungen bringen kann. Berücksichtigen Sie dabei neben Ihren eigenen Zielen die Überlegungen und Wünsche des Mitarbeiters.

Der Y-er hat ‚Bringschuld'

Jede Generation ist eine Fortsetzung der andern und ist verantwortlich für ihre Taten.
Christian Johann Heinrich Heine, dt. Dichter
(1797 - 1856)

Auf den anderen zugehen

Sollten Sie zur Gruppe der Generation Y gehören und einen neuen Arbeitsplatz gefunden haben, so sei Ihnen gratuliert.

Wir haben uns nun genügend Gedanken gemacht über das, was der Vorgesetzte idealerweise bieten sollte, um es Ihnen so einfach wie möglich an Ihrem neuen beruflichen Arbeitsplatz zu machen.

Aber Vorsicht: Das heißt nicht, dass Sie sich nun bequem zurücklehnen, die Arme verschränken und darauf warten, dass Ihnen alles verzehrfertig serviert wird.

Im Gegenteil! Würden wir es rechnerisch betrachten, hätten Sie mindestens genauso viel, nämlich 50 Prozent, zu leisten, um zu einer vernünftigen Zusammenarbeit beizutragen.

Deshalb steht über diesem Absatz das Wort Bringschuld. Mit diesem Wort ist gemeint, dass Sie in der Pflicht stehen, aktiv zu werden. Sie bringen Ihre Beteiligung ein. Dazu gehört beispielsweise, dass Sie von Anfang an eine große Lernbereitschaft mitbringen.

Bisher Gelerntes bildet die Basis

Sie werden schnell merken, dass das an der Schule oder Universität Gelernte nicht eins zu eins auf das Berufliche übertragbar ist. Betrachten Sie das Gelernte als Basis für Ihre zukünftige Arbeit.

Viele Berufseinsteiger wundern sich, wie wenig sie von tatsächlich gelernten Modellen oder Arbeitsweisen mit bestimmten Computerprogrammen tatsächlich an den Arbeitsplatz einbringen können.

Selbst dann, wenn Sie eine hervorragende Ausbildung genossen haben, wird es in jedem Betrieb unterschiedliche Herangehensweisen geben, eine Aufgabe zu bewältigen. Jedes Unternehmen hat typische Eigenarten, die an anderer Stelle so nicht zu finden sind.

Als Neueinsteiger bleibt Ihnen gar nichts anderes übrig, als diese Vorgehensweisen möglichst schnell zu verstehen und anzuwenden.

‚Unverdorbene' Mitarbeiter

Jüngst machte ein Unternehmer deutlich, dass er ausschließlich Mitarbeiter und Mitarbeiterinnen anstellen will, die noch nicht durch andere Programme bereits ‚verdorben' sind. Er erklärte, dass seine Arbeitsschritte so genau mit allen internen Systemen abgestimmt sind, dass woanders Gelerntes bei der Arbeit eher behindere.

Ganz klar ist, dass die Basis gegeben sein muss – also gelernt wurde – ‚grundsätzlich' mit der Arbeits-Materie umgehen zu können. Die Details, die Feinabstimmung und das Individuelle sind unternehmensabhängig.

Also, lieber Neueinsteiger, seien Sie bereit, sich genauestens in die vorhandenen Strukturen einzudenken und das anzuwenden, was vor Ort erfolgreich eingesetzt ist.

Neue Besen kehren gut

Bestimmt kennen Sie die Aussage: „Neue Besen kehren gut.“ Mit den neuen Besen sind Sie gemeint. Sie haben den Kopf voller neuer Ideen, sind kreativ und flexibel und möchten sofort loslegen.

Dabei wird Ihnen auffallen, dass Sie manchmal eine Vorgehensweise haben, die Ihnen besser erscheint als das bisherige System.

Brechen Sie mit Ihren neuen Ideen nun nicht sofort in die gewohnten Arbeitsabläufe. Das würde nicht nur die Kollegen irritieren, sondern sie gegebenenfalls sogar gegen Sie stellen lassen, gegen Sie aufbringen.

Ruckzuck hätten Sie ein erstes und ernstes Problem am Hals.

Sensibel vorgehen

Geschickter ist es, wenn Sie sich erst ein paar Tage Zeit nehmen, um die bisherigen Arbeitsabläufe kennenzulernen. Diese sind irgendwann nicht einfach vom Himmel gefallen, sondern haben sich höchstwahrscheinlich auch nach und nach entwickelt.

Die Gründe, weshalb etwas so oder so umgesetzt wird, können Sie nicht kennen.

Manchmal wissen es die Kollegen selbst nicht mehr. Jedenfalls haben die Kollegen gut mit dieser Vorgehensweise gearbeitet. Deshalb sehen sie in der Regel keinen Bedarf, plötzlich auf eine neue Arbeitsweise umzusteigen, die „ein junger Schnösel“ mitbringt.

Lassen Sie sich alles erklären und hören Sie gut zu.

Erkennen Sie Optimierungsbedarf? Dann unterbreiten Sie nach einiger Zeit einen Vorschlag und bieten an, diesen versuchsweise – vielleicht erst mal eine festgelegte Zeit lang – auszuprobieren. Zeigen Sie Ihren Kollegen die Vorteile, die entstehen können.

Erkennen Ihre Kollegen die Vorteile, werden sie Ihre Arbeitsweise annehmen. Im Idealfall haben Sie die ersten Unterstützer in Ihrem Unternehmen gefunden.

Zeigen Sie Geduld, ernten Sie Vorteile.

Einfühlsam sein – Empathie zeigen

Der Neue kann nicht wissen, wie ihm Kollegen und Führungskraft im Laufe der Zeit begegnen werden. Manche werden Ihnen gegenüber ganz offen sein und sich freuen, eine neue Unterstützung in Ihnen zu sehen.

Andere verhalten sich eher distanziert. Sie werden erst einmal beobachten, wie Sie sich verhalten. Sie wollen abschätzen, welchen Charakter Sie haben. Überzeugen Sie diesen Personenkreis durch Ehrlichkeit und offenes Auftreten.

Manch älterer Mitarbeiter mag auch Neid empfinden, sobald er erkennt, wie ein jüngerer souverän und problemlos mit bestimmten Arbeitsaufträgen umgeht, an denen er selbst früher zu knabbern hatte. Geben Sie ihm nicht das Gefühl, überlegen zu sein.

Früher wurde anders gearbeitet – Punkt und fertig. Nur weil heute möglicherweise etwas schneller erledigt werden kann, heißt das nicht, dass es früher schlechter war.

Seien Sie einfühlsam, versuchen Sie die anderen zu verstehen. Versuchen Sie herauszufinden, weshalb einer so oder so handelt. Natürlich müssen Sie nicht alles ständig hinterfragen. Trotzdem kann es hilfreich sein, sich über die gemeinsame Arbeit im Team Gedanken zu machen.

Folgen falsch einschätzen

Als derjenige, der in der Generation Y geboren ist, haben Sie einen Altersvorsprung den älteren Kollegen gegenüber. Unterschätzen Sie dabei nicht, dass Sie höchstwahrscheinlich bisher eher weniger Entscheidungen getroffen haben als Ihre Kollegen.

Demnach haben Ihre Kollegen mehr Erfahrung sammeln können, welche Folgen Entscheidungen auslösen können. Bestimmt waren dabei auch Entscheidungen, die nicht sehr lobenswert waren.

Wir wissen, dass aus Fehlern gelernt wird. Wurde einmal eine schlechte Entscheidung getroffen, hilft diese Fehlentscheidung in Zukunft vor erneuten Fehlern.

Ihnen fehlen diese Erfahrungen. Seien Sie deshalb besonders vorsichtig, vorschnell Entscheidungen zu treffen. Die Folgen können möglicherweise verheerend sein.

Nutzen Sie die Erfahrungswerte der Älteren. Gehen Sie auf sie zu und fragen Sie nach deren Meinung, bevor Sie eine Entscheidung treffen. Trotzdem wird immer wieder ein Risiko bei Ihnen bleiben.

Fehler sind menschlich. Passieren Ihnen Fehler, lernen Sie daraus. Vertuschen Sie die Ergebnisse nicht. Irgendwann bringt die Sonne diese sowieso an den Tag.

Mentor und internes Netzwerk

In einem Unternehmen gibt es viele ungeschriebene Gesetze. Wie ist das Benutzen der Kaffeemaschine geregelt? Ist eine Kleiderordnung zu berücksichtigen? Gibt es spezielle Pausenzeiten?

Versuchen Sie so schnell wie möglich, diese sogenannten informellen Regeln zu erkennen und sich dementsprechend zu verhalten.

Fragen Sie Ihre neuen Kollegen, um nicht versehentlich und ungewollt in ein Fettnäpfchen zu treten.

Sowieso entscheidet sich sehr schnell, ob Sie in Zukunft hier einsam inmitten der anderen arbeiten oder ob sie als wertvoller Team-Player anerkannt werden.

Verstecken Sie sich nicht hinter Ihrem Arbeitsplatz. Gehen Sie auf die anderen zu und stellen sich vor. Soweit es Ihnen möglich ist, merken Sie sich den Namen der anderen Beschäftigten.

Je schneller Sie andere mit richtigem Namen ansprechen können, desto mehr baut sich ein persönliches Miteinander auf.

Sofern es technisch möglich ist, können Sie sich (je nach Größe des Unternehmens beziehungsweise Zahl der Mitarbeiter) auch per kurzer Mail vorstellen.

Es zeigt sich als sinnvoll, direkt mit dem Aufbau eines sozialen Netzwerks innerhalb des Unternehmens zu beginnen. Die ersten Schritte hierzu ergeben sich beispielsweise in gemeinsamen Mittagspausen.

Wechselnden Kontakt pflegen

Zögern Sie nicht, mal mit einer Gruppe, mal mit einer anderen Person zusammen einen Snack einzunehmen. Lassen Sie sich nicht von einer einzelnen Person oder einer bestimmten Gruppe vereinnahmen.

Da Sie die internen Strukturen noch nicht kennen, wird es später immer schwieriger werden, sich aus solch einer Gruppe gegebenenfalls wieder lösen zu können.

Buddy finden

Manche Unternehmen bieten von vornherein einen Mentor beziehungsweise einen Buddy an. Diese Person hat die Aufgabe, speziell in den ersten Tagen oder Wochen unterstützend zur Seite zu stehen.

Wird hier das Unternehmen nicht aktiv, gehen Sie selbst auf Suche. Suchen Sie sich Ihren eigenen Mentor.

Fragen Sie jemanden, der Ihnen zugeneigt scheint, ob er Ihnen anfangs als Mentor zur Seite steht.

Nachfragen und Kommunikation

Zögern Sie nicht, immer wieder mit Ihrem Vorgesetzten darüber zu sprechen, ob die von Ihnen durchgeführte Arbeit im Sinne des Unternehmens ist. Dabei sollen Sie sich natürlich nicht anbiedern aber trotzdem zeigen, dass Sie einen konstruktiven Austausch wünschen.

Bestimmte Dinge oder Vorgehensweisen mögen für Sie eindeutig sein. Für Ihre Kollegen ist es möglicherweise nicht so. Bleiben Sie deshalb immer im Austausch. Informieren Sie andere und fordern umgekehrt Informationen ein.

Denken Sie dabei an den Spruch aus der Sesamstraße: „Wer nicht fragt bleibt dumm!"

Guten Erfolg im neuen Unternehmen.

Der Chef ist jünger als seine Mitarbeiter

Kurz soll noch auf diese eigenartig erscheinende Situation ein-gegangen werden. Üblicherweise darf davon ausgegangen werden, dass der Chef älter ist als der Beschäftigte. Durch die seit einigen Jahren eingeführten Bachelor-Studiengängen gibt es Absolventen auf dem Arbeitsmarkt, die dort bereits mit 21 Jahren eintreten.

Bei einem entsprechenden Studien-Abschluss erwartet sie be-reits eine gute Position. So kann es sein, dass ein Mitarbeiter im Alter von 25 Jahren plötzlich zum Vorgesetzten eines 50-jährigen Mitarbeiters wird. Möglicherweise hat dieser Mitar-beiter bereits so viele Jahre im Unternehmen verbracht, wie der jetzige Vorgesetzte auf der Welt lebt.

Eine ähnliche Konstellation kann sich ergeben, wenn der Ju-niorchef oder die Juniorchefin nach Abschluss der Universität ins Unternehmen eintritt und dieses sogar übernehmen soll. Eine echte Herausforderung für alle Beteiligten. Aber lösbar.

Behindern und ignorieren

Für beide kann das eine ungewohnte und vielleicht sogar un-gewollte Konstellation sein. Hier tun sich langjährige Mitarbei-ter manchmal schwer, einen so jungen Vorgesetzten als ,voll' zu nehmen.

So kann es dazu kommen, dass der Mitarbeiter Vorgaben des jungen Chefs missachtet oder bewusst fehlinterpretiert. Viel-leicht lässt sich der Mitarbeiter sogar dazu hinreißen, Kollegen geschickt gegen den neuen Vorgesetzten aufzuwiegeln.

Für einen langjährigen Mitarbeiter bedeutete es in der Regel keine Schwierigkeit, den Jungen auflaufen oder gar ins Messer laufen zu lassen.

Konflikte vermeiden

Auf Dauer kann das nicht gut gehen. Es wird einen erheblichen Konflikt geben, an dessen Ende oft das Weggehen einer der beiden Kontrahenten steht.

Ob das im ursprünglichen Sinn des Unternehmens war? Wohl kaum. Lassen Sie es dazu gar nicht erst kommen. Für das eigene Alter ist niemand zur Rechenschaft zu ziehen. Nutzen Sie beide die Chance, vom jeweils anderen zu profitieren.

Auch wenn es einer gewissen Überwindung bedarf, geben Sie dem anderen eine reelle Chance. Seien und bleiben Sie fair!

Setzen Sie sich als Ziel, schnell integriert zu sein, um dann in einer echten Teamarbeit und zusammen zu Zielen kommen zu können.

Alt und Jung

Lieber erfahrener X-er, lieber wissenshungriger Y-er. Sie konnten einen Eindruck davon gewinnen, welche Schwierigkeiten – besser gesagt Herausforderungen – aufgrund verschiedener Generationen in der Zusammenarbeit entstehen können.

Die Natur hat es so eingerichtet, dass wir älter werden. Der, der jetzt lustig und jung ist und bemitleidend den Älteren anschaut, wird, sofern das Leben gut verläuft, irgendwann auch einmal ins Alter kommen. Wie mag es sich dann anfühlen, wenn ihm ein Neuling vor die Nase gesetzt wird? Hoffentlich trifft der dann Alte auf einen verständigen Jungen, der anständig mit ihm umgeht.

Vorteil des Altersunterschieds

Nutzen Sie die Chance, die der Altersunterschied mit sich bringt. Profitieren Sie voneinander. Sie werden sich wundern, welche Stärken gebündelt werden können. Es liegt an Ihnen, ein starkes Team aufzubauen.

Also: Alt inspiriert Jung und hat den Erfahrungsvorsprung. Jung bietet den Wissensvorsprung in neuester Technik und in neuesten Programmen. Bleiben Sie dynamisch, bewegen Sie sich und arbeiten Sie zusammen.

Nutzen Sie die Chance! Wir drücken die Daumen.

Zum Abschluss und zum Nachdenken:

Minderheiten sind die Mehrheiten der nächsten Generation

Jean Paul [eigentlich Johann Paul Friedrich Richter],
dt. Schriftsteller, (1763 – 1825)

Stichwortverzeichnis

Knigge als Synonym und als Namensgeber

Umgang mit Menschen

Adolph Freiherr Knigge

Schon zu seinen Lebzeiten war Adolph Freiherr Knigge (1752 – 1796) umstritten. Knigge setzte sich durch sein energisches Eintreten für die Ziele der Aufklärung, so wie er sie verstand, scharfen Angriffen aus. Er arbeitete als Romanschriftsteller und Satiriker, sowie als politischer Schriftsteller. Er gehörte den Freimaurern an. Heute ist Knigge vor allem seines Buches wegen ‚Über den Umgang mit Menschen' (1788) bekannt. Und zwar deswegen, weil sein Werk als Etikette-Buch angesehen wird.

Das große Missverständnis

Knigge verdankt seinen heutigen Ruf und Erfolg aber einem Missverständnis. Denn: Das Werk Adolph Freiherr Knigges gilt als Etikette-Buch ersten Rangs. Allerdings beschreibt Knigge keine Regeln wie mit Besteck umzugehen ist, oder das Verhalten bei Tisch, stattdessen offenbart er eine praktische Lebensphilosophie im Umgang mit Mitmenschen. Er gibt Anleitungen und Anregungen, wie mit seinen Mitmenschen richtig umzugehen ist. Knigge hoffte damit, dass die Menschen glücklich und froh miteinander leben könnten. Sein Buch erschien 1788 und war schon kurze Zeit in fast allen Haushalten zu finden. Über 200 Jahre lang prägte sich sein Buch im Bewusstsein der Leser als praktisches Handbuch über gutes Benehmen ein.

Über den Umgang mit Menschen

In drei Teilen seines Buches hat Knigge über den Umgang mit verschiedenen Menschengruppen geschrieben, zum Beispiel:

- Über den Umgang mit Leuten von verschiedenen Gemütsarten, Temperamenten und Stimmungen des Geistes und des Herzens (Erster Teil, 3. Teil)

- Über den Umgang mit Frauenzimmern (Zweiter Teil, 5. Teil)

- Über die Verhältnisse zwischen Herrn und Dienern (Zweiter Teil, 7. Teil)

- Über das Verhältnis zwischen Wohltätern und denen, welche Wohltaten empfangen; wie auch unter Lehrern und Schülern, Gläubigern und Schuldnern (Zweiter Teil, 10. Teil)

- Über den Umgang mit den Großen der Erde, mit Fürsten, Vornehmen und Reichen (Dritter Teil, 1. Teil)

- Über die Art, mit Tieren umzugehen (Dritter Teil, 9. Teil)

Knigge heute als Synonym für Umgangsformen

Obwohl es heute klar ist, dass Knigge anderes verfolgte, als wir unter seinem Namen verstehen, soll ‚Knigge' als Synonym für den Bereich stehen, dem sich das vorliegende Buch widmet.

12 Ratgeber in der kleinen Knigge-Reihe

Der kleine ... -Knigge [2100] (Je € 9,70; 88 Seiten, 12x19 cm, kartoniert)

Basis-Knigge [2100]

Business-Knigge [2100]

Büro-Knigge [2100]

Gäste- und Gastgeber-Knigge [2100]

Gesellschafts-Knigge [2100]

Outfit-Knigge [2100]

Interkulturelle Auslands-Knigge [2100]

Bewerbungs-Knigge [2100]

Event- und Feste-Knigge [2100]

Gastro-Knigge [2100]

Speisen-Exoten-Knigge [2100]

Getränke-Knigge [2100]

12 x kleines Handbuch der Rhetorik 2100

Der kleine Handbuch der Rhetorik [2100] (Je € 9,70; 100 Seiten, 12x19)

Erfolgreich reden „Die Kunst, flott vorzutragen"

Körpersprache einsetzen „Mit Händen und Füßen sprechen"

Gezielt trainieren „Ich will endlich erfolgreich präsentieren!"

Nervosität austricksen „Mir zittern die Knie"

Begeistert überzeugen „Das rhetorische Feuer entfachen"

Unterschwellig manipulieren „Ich kriege dich schon!"

Wahrnehmung verzerren „Ich glaub' nur, was ich sehe."

Einwände entkräften „Das ist doch gar nicht machbar! – Oder doch?"

Gespräche führen „Zielorientierte und zeitsparende Gesprächslenkung"

Meetings leiten „Besprechungen erfolgreich führen"

Geschicktes Nudging „Das versteckte Anschubsen"

Interviews führen „Darf ich Sie mal fragen?"

4 Ratgeber in der Ego-Management-Reihe

Persönlichkeits-Management – Ego-Knigge [2100] Soft Skills, Selbst-Reflexion und Selbst-Bewusstsein
Stress-Management – Ego-Knigge [2100] Lampenfieber, Stressoren, Gerüchte, Mobbing, Burnout, Stressvermeidung
Zeit-Management– Ego-Knigge [2100] Umgang mit der Zeit, Organisation von Arbeitsabläufen, Perfektionismus, Zielsetzung
Gedächtnis-Management – Ego-Knigge [2100] Gehirn, Intelligenz, Schwachsinn – Hochbegabung, Gedächtnis, Lerntechniken
Jeder Ratgeber € 14,90, 104 Seiten, A5, kartoniert

4 Ratgeber in der Reihe Lebenseinstellung

Aberglaube-Knigge [2100] Von schwarzen Katzen, der linken Hand des Teufels und den Glücksbringern
Lügen- und Egoismus-Knigge [2100] Überleben durch Flunkern, Schummeln und Täuschen! Macht, Respekt, Wertschätzung? Lebenslüge und Lebensschutz
Glücks-Knigge [2100] Vom Glücklichsein, positiven Denken und von Freundschaften
Angst- und Optimismus-Knigge [2100] Die Furcht beherrschen, Ängste nutzen und positiv durchs Leben gehen
Jeder Ratgeber € 12,95, 160 Seiten, A5, kartoniert

3 Ratgeber Bräutigam, Braut und Brautpaar

Bräutigam-Knigge [2100] Verlobung und Polterabend, Schwiegereltern und das Ja-Wort, Hochzeits-Outfit und Hochzeits-Kutsche
Braut-Knigge [2100] Brautkleid und Accessoires, Das große Hochzeitsfest, Höhepunkte und Hochzeitstanz
Brautpaar-Knigge [2100] Historisches und Sonderbares, Planung und Organisation, Aberglaube und Hochzeitsbräuche
Jeder Ratgeber € 15,90, 104 Seiten, A5, kartoniert

Leben und Lifestyle

Jugend-Knigge [2100] Knigge für junge Leute und Berufseinsteiger, € 15,90; 152 Seiten

Wertschätzung-Knigge [2100] Gleichberechtigung, Gleichstellung und Respekt, Sexuelle Orientierung, Umgang bei Diskriminierung und Mobbing, € 14,95; 152 Seiten A5

Bekleidung! Ausdruck der Persönlichkeit – Lukas' Outfit-Knigge [2100], € 19,95; 196 Seiten A5

Hochzeits-Knigge [2100] Hochzeitsbräuche, Geschenke, Brautjungfer, Trauung, Festgäste und Festmahl, € 29,95; 310 Seiten A5

Ü65- und Senioren-Knigge [2100] Die junge Alten und die alten Jungen, Kommunikation und Verständnis zwischen den Generationen, Einsamkeit und technischer Fortschritt, € 19,95; 180 Seiten A5

Blumen-Knigge [2100] Historisches, Mystisches, Festliches, Blumen-Sprache, Umgang mit Blumen-Präsenten, € 19,95; 144 Seiten A5

Kulinarischer und Gastronomischer Knigge [2100] Von Events, Feiern, Aperitif über Esskultur, Speisen und Getränken zu zeitgemäßen Tischsitten, € 26,50; 284 Seiten A5

Nudel-Knigge [2100] Himmlische Teigwaren, € 17,95; 140 Seiten A5

Der Interkulturelle Kompetenz-Knigge [2100] Kultur, Kompetenz, Eindrücke – Gesten, Rituale, Zeitempfinden – Berichte, Tipps, Erlebnisse, € 29,95; 240 Seiten A5

Dschungel-Knigge [2100] Umgang in ungewohnter Umgebung, € 23,95; 192 Seiten A5

Klo- und Pinkel-Knigge [2100] Vom privaten und öffentlichen Bedürfnis - Umgangsformen im Tabu-Bereich, € 13,50; 104 Seiten A5

Der Dicke-Knigge [2100] Aus dem prallen Leben des Dicken, € 15,90; 104 Seiten A5

Selbstbewusstsein Knigge [2100] Ich bin, ich kann, ich will. Das eigene Leben bestimmen, Soft Skills, The Winner 1, € 12,95; 120 Seiten A5

Selbstwertgefühl Knigge [2100] Steh auf! – Werde aktiv! – Zeige Profil! Das eigene Leben beeinflussen, Motivation, The Winner 2, € 12,95; 120 Seiten A5

Typisch Frau – Typisch Mann Knigge [2100] Unterschiede und Gemeinsamkeiten im Umgang mit dem anderen Geschlecht, € 12,95; 128 Seiten A5

Team und Typ-Knigge [2100] Ich und Wir, Typen und Charaktere, Team-Entwicklung, € 19,70; 128 Seiten A5, kartoniert, viele Darstellungen

Omi hüpf' mal Märchen meiner Großmutter, Erlebnisse ihre Jugend und wahre Geschichten meines Vaters von und über Omi Rickchen, Hardcover, € 29,95; 312 Seiten

Der Hunde-Knigge [2100] Umgang mit dem Hund – Hundesprache – Der Hund in der Gesellschaft, € 17,95; 180 Seiten A5

Welcome to Germany-Knigge [2100] Umgangsformen, Verhaltensmuster und gesellschaftliches Miteinander im deutschsprachigen Europa, € 11,99; 108 Seiten A5

Besuch willkommen Knigge [2100] Einladung, Gast, Geschenk, Empfang, Feier, Gastfreundschaft, € 14,95; 200 Seiten A5

Zukunfts-Knigge [2100] Verfall der Sitten und Verlust der Wertschätzung? Umgangsformen in 100 Jahren. Zusammenleben mit Menschen, Maschinen und menschenähnlichen Robotern, € 14,95; 172 Seiten A5 kartoniert

Leben, Tod und Ansichten Austausch mit Berühmtheiten über Wichtiges und Unwichtiges im Leben, € 12,95; 116 Seiten A5

Leben, Tod und Überlegungen Austausch mit Berühmtheiten über Größe, Ewigkeit und Spaß im Leben, € 12,95; 116 Seiten A5

Tod, Trauer, Totenkult-Knigge [2100] Sterben, Trost, Takt, Bestatten, Tradition, Vorsorge, Tabus, Vergänglichkeit und Sonderbares, € 17,95; 212 Seiten A5

Leben und Lifestyle

Rhetorik, Moderation, Soft Skills, Hochschule

Rhetorik ist Silber Von den ersten Schritten zu einer perfekten Präsentation, € 17,90; 144 Seiten A5, kartoniert, Zeichnungen

Moderation ist Gold Gesprächsführung, Umfragen, Talkrunden und Manipulation, € 17,90; 144 Seiten A5, kartoniert, Zeichnungen

Körpersprache - und ihre Geheimnisse Was die Sprache des Körpers verrät – und wie sie gedeutet werden kann, € 17,90; 144 Seiten A5, kartoniert, Zeichnungen, ca. 290 Fotos

Rhetoric – Mastering the Art of Persuasion, € 22,90; 144 Seiten A5, kartoniert, Zeichnungen

Discussion – Mastering the Skills of Moderation, € 22,90; 144 Seiten A5, kartoniert, Zeichnungen

Body Language, € 22,90; 144 Seiten A5, kartoniert, ca. 290 Fotos

Das große Buch der Rhetorik [2100] Tacheles reden; Präsentieren; manipulieren und überzeugen, € 37,45; 332 Seiten A5, kartoniert, viele Darstellungen

Trickreiche Rhetorik [2100] Psychologische Gesprächsführung, manipulierende Darstellung, unaufdringliches Nudging, € 37,45: 300 Seiten A5, kartoniert, Zeichnungen

Soft Skills-Knigge [2100] Soziale, Persönlichkeit, Selbstmanagement, € 37,45; 324 Seiten A5, kartoniert, viele Darstellungen

Schlagfertigkeit-, Spontaneität-, Stegreif-Knigge [2100] Impulsiv handeln, verbale Angriffe kontern, Störungen entwaffnen, € 13,50; 104 Seiten A5

Pitch Skills und Überzeugungs-Knigge [2100] Elevator Pitch, Geldgeber beeindrucken, Feuer versprühen, € 13,50; 128 Seiten A5, kartoniert

Smalltalk-Knigge [2100] Vom kleinen Gespräch bis zum charmanten Flirt - Kontakt ausbauen, Sympathie zeigen, Begehrlichkeit wecken, € 13,50; 100 Seiten A5

Quassel-Knigge [2100] Quasseln, Quatschen, Quengeln oder Lebenswichtige Kommunikation – Gezielt eingesetzte Rhetorik – Aussagekräftiges Profil zeigen, € 13,50; 112 Seiten A5

Hochschul-Knigge [2100] Studentischer Umgang in und außerhalb der Hochschule am Beispiel der Cologne Business School, 132 Seiten A5, kartoniert, Fotos

Jugend-Karriere-Knigge [2100] Schule und Studium, Netzwerk und Klüngel, Erfolg und Risiken, € 19,95; 224 Seiten A5, kartoniert, Zeichnungen, Checklisten

Bewerbungs-Knigge [2100] **für Frauen – Tina bewirbt sich**, Vorbereitung, Wahl der Kleidung, Verhalten beim Bewerbungsgespräch, € 19,70; 128 Seiten A5, kartoniert, Fotos, Checklisten

Bewerbungs-Knigge [2100] **für Männer – Tom bewirbt sich**, Vorbereitung, Wahl der Kleidung, Verhalten beim Bewerbungsgespräch, € 19,70; 128 Seiten A5, kartoniert, Fotos, Checklisten

Die flotte Generation Y im 21. Jahrhundert, selbstbewusst – lebensbetonend – flexibel. Wie mit der Generation Y zielorientiert und erfolgreich gearbeitet werden kann, € 12,95; 116 Seiten A5, kartoniert, Zeichnungen

Die flotte Generation Z im 21. Jahrhundert, entscheidungsfreudig – effizient – eigenverantwortlich. Wie mit der Generation Z zielorientiert und erfolgreich gearbeitet werden kann, € 12,95; 140 Seiten A5, kartoniert, Zeichnungen

Das kleine Knigge-Quiz [2100] € 9,70; 96 Seiten, 12x19 cm, kartoniert

Rhetorik, Moderation, Soft Skills, Hochschule

Beratung, Coaching, Seminar

Wer hat nicht gerne mit Menschen zu tun, die selbstbewusst und selbstsicher mit anderen Menschen umgehen?

Geschäftspartnern, die die elementaren Regeln des ‚Benimms' beherrschen, stehen die Türen zum Erfolg offen.

Horst Hanisch Seminare
seit 1987

Unternehmen, die neben ihrer fachlichen Leistung auch ‚menschlich' überzeugen wollen, bieten wir für ihre Mitarbeiterinnen und Mitarbeiter aktives Training im Umgang mit Kunden, Gästen, Kollegen und Gesprächspartnern an.

Auf unserer Website informieren wir Sie über unsere Angebote:

- Firmen-Internes-Training
- → Business-Etikette und das Lehrmenü
- → Präsentieren, Moderieren, Kommunizieren
- → Körpersprache und ihre Geheimnisse
- Offen ausgeschriebene Seminare
- → Teuflische Rhetorik
- → Flottes Reden vor und zu anderen
- → Der erste Eindruck

- → Ladies Power
- Individuelles Einzelcoaching
- → Authentisches Auftreten
- → Dress for success
- → Verhandlungstechniken
- → Persönlichkeit
- Interkulturelles Training
- Freundlichkeits-Checks in Unternehmen
- Workshops
- → Soft Skills

- → Team-Training
- Intensiv-Training für
- → TV-Auftritte
- → Vorträge
- → Präsentationen
- → Reden
- Fachliteratur und Arbeitsunterlagen
- Vorträge/Speaker
- → Vor kleinem und vor großem Publikum

Individuelles Coaching für Einzelpersonen: Und, wer es ganz individuell mag, greift zurück auf ein Einzel-Coaching. Hier werden ganz persönliche Herausforderungen angegangen, mit Themen wie:

- Interkulturelle Kompetenz
- Selbstsicheres Auftreten
- Präsentations-Techniken
- Erfolgreiche Verhandlungsführung

- Der Erste Eindruck
- Bewerbungstraining
- Rhetorik und Überzeugungskraft

und andere Themen – direkt auf die besonderen Bedürfnisse des Einzelnen zugeschnitten. Besuchen Sie uns auf www.knigge-seminare.de